应用型本科会计人才培养系列教材

YINGYONGXING BENKE KUAIJI RENCAI PEIYANG XILIE JIAOCAI

# 新编管理会计学 学习指导

XINBIAN GUANLI KUAIJIXUE XUEXI ZHIDAO

主　编〇 马桂芬

副主编〇 王映苏　罗萌萌

创百年名校　育华夏英才

西南财经大学出版社
Southwestern University of Finance & Economics Press

中国 · 成都

应用型本科会计人才培养系列教材
YINGYONGXING BENKE KUAIJI RENCAI PEIYANG XILIE JIAOCAI

# 编委会

# 总　序

　　会计学院是广州华商学院最早成立的院系之一，现开设会计学、财务管理、审计学和税收学四个专业。其中，会计学专业设会计师、注册会计师、管理会计师、金融会计、会计智能化和国际注册会计师（ACCA）六个专业方向；财务管理专业设公司理财和财务分析师（CFA）两个专业方向；审计学专业设审计师和信息技术（IT）审计两个专业方向；税收学专业设注册税务师专业方向。经过多年的探索，会计学院逐步形成以下办学特色：一是以 ACCA 和 CFA 为代表的国际化教学特色，二是以管理会计师（GAMA）卓越班为代表的协同育人特色，三是以线上线下混合教学实验区为代表的建构教学特色，四是将会计与投融资融为一体的多学科融合特色，五是以华商云会计产业学院为代表的产教融合特色。目前，会计学专业为国家一流专业建设点，财务管理专业为省级一流专业建设点，会计学科为广东省会计类特色重点学科。

　　在长期的教学实践中，广州华商学院一直秉承优质的教学理念，优选国内同类教材中最受欢迎的教材作为各专业课程的指定教材。教材选定的一般原则是：若有多种同类教材，首选教育部规划教材；若有多种教育部规划教材，首选其中的获奖教材；若没有教育部规划教材，优先选择国内知名高校的教材。这种教材筛选方式保证了会计学科各专业教学的高质量，但也不可避免地带来了一些问题。首先，所选教材难以满足应用型高校会计人才培养的需要。财政部出台的《会计行业中长期人才发展规划（2010—2020 年）》明确指出，适应经济社会发展对高素质应用型会计人才需求，加大应用型高层次会计人才培养力度。华商学院作为一所民办应用型高校，不论是从办学分工，还是从社会需求角度考虑，都必须以培养应用型人才为主要目标，但现有的教育部规划教材或名校教材大多偏重理论教学，鲜有明确为培养应用型人才而打造的教材。其次，各专业教材之间的衔接度不高。现有教材大多是各专业教师根据各学科教学要求选择的高规格知名高校教材，导致所选各学科教材之间的衔接度不高，有的内容重复讲授，有的内容则被遗漏，教学内容缺乏系统安排。最后，所选教材知识陈旧，跟不上相关会计准则与制度的变化。近年来，我国会计准则及税法、审计等相关法规制度均发生了较大变化，如新的《企业会计准则》的持续发布和重新修订、《管理会计基本指引》和《管理会计应用指引》的发布与实施，以及增值税法规和《中华人民共和国企业所得税法》的相继修订，导致现有教材内容跟不上制度的变化，学生无法系统地学习最新专业知识。在这一背景下，及时编写一套实践性和系统性强、体系完整、内容新颖、适用于应用型高校会计人才培养的会计系列教材就显得极为必要。

本系列教材的特点主要表现在以下几方面：第一，实践性强。本系列教材知识体系的构建、教学内容的选择以应用型人才培养为主要目标。第二，系统性强。各教材之间互有分工、各有重点、密切配合，共同构建了一个结构合理、内容完整的知识体系。第三，通用性强。本系列教材力求同时满足会计学、财务管理、审计学和税收学四个专业，多个专业方向同类课程的教学和学习要求，既方便了教师的教学安排，又增加了学生跨专业选课的便利性。第四，新颖性强。本系列教材根据最新发布的会计准则、税收法规，以及相关规章制度编写，以确保学生所学专业知识的新颖性。第五，可读性强。本系列教材力求做到通俗易懂、便于理解和使用，以方便学生自主学习、自主探索。

本系列教材包括会计学、财务管理、审计学和税收学四个专业的专业基础课、专业必修课和专业选修课教材。首批教材包括《初级财务会计》《中级财务会计》《高级财务会计》《成本会计》《管理会计》《财务管理》《审计学》《会计学》。第二批教材包括《财务共享服务》《会计信息系统》《企业行为模拟》《资本市场运作》《高级财务管理》。第三批教材包括《会计职业道德》《金融会计》《税法》《税收筹划》等。

本系列教材由广州华商学院的教授或教学经验丰富的教师担任主编，并由广州华商学院特聘教授或特聘讲席教授负责审稿，从而为所编教材的质量提供了保证。鉴于本系列教材涉及面较广，相关会计准则、制度处于不断的变动之中，加之编者学识有限，难免存在不当之处，真诚希望各位读者批评指正。

2021 年 6 月

# 前　言

————————————————————————————————

　　为适应管理会计人才培养的需要，满足学生学习与教师教学的需要，编者结合《管理会计基本指引》与《管理会计应用指引》编写了本书。本书是西南财经大学出版社出版的《管理会计学》（主编：马桂芬）一书的配套学习指导，既可以作为管理会计教学的辅助教材，又可以作为企业管理会计人员学习管理会计的参考用书。

　　本书按照《管理会计学》（主编：马桂芬）的结构安排，结合各章的学习目标，按章设计了相应的练习题等内容。为方便学习，本书提供了练习题参考答案。练习题的设计突出理论联系实际的特点，并且案例分析题的设计还突出综合性的特点，目的在于使学生通过练习，不仅掌握管理会计的基本概念和方法，而且提高其分析问题和解决问题的能力。

　　本书由马桂芬担任主编，王映苏、罗萌萌担任副主编。具体编写分工如下：第一章、第二章、第五章由马桂芬编写；第三章、第六章、第十章、第十一章由董国平编写；第四章由侯春娟编写；第七章、第九章由王映苏编写；第八章由吕晓玥编写。

　　尽管各位编者在编写过程中付出了艰辛的努力，但是由于时间紧张，加之能力水平有限，书中难免存在不足之处，恳请读者指正，以便修订时改正和完善！

编　者

2023 年 1 月

# 目　录

新／编／管／理／会／计／学／学／习／指／导

# 第一章
# 导　论

- - - - - - - - - - - - - - - - - - - - - - - - - - - - - - - - - - - - - - - - - -

## 学习目标

　　通过对本章的学习，学生应了解和掌握管理会计的基本理论，为后面章节的学习奠定理论基础。本章的具体内容包括财务会计与管理会计的区别和联系、管理会计的历史演变、管理会计的基本框架、管理会计的应用环境。

## 学习指导

1. 学习重点
（1）理解管理会计与财务会计的区别，熟悉管理会计的基本特征；
（2）了解管理会计发展历史的演变；
（3）理解管理会计的目标；
（4）掌握管理会计信息质量要求；
（5）理解并掌握管理会计的含义；
（6）了解管理会计的应用环境。
2. 学习难点
（1）管理会计基本理论框架；
（2）管理会计工具的应用及对企业产生的影响。

## 练习题

一、名词解释

1. 共同需要

2. 重要性

3. 管理会计

4. 融合性原则

5. SWOT 分析法

二、判断题

1. 会计最初的功能很可能就是"统计"。　　　　　　　　　（　　　）

2. 清代思想家焦循在《孟子正义》中给会计下的定义，标志着会计早已有了相对稳定的内涵。　　　　　　　　　　　　　　　　　　　　（　　　）

3. "计量"和"汇总"是会计的两个最为重要的特征。　　　（　　　）

4. 管理会计信息与财务会计信息最根本的区别在于提供的信息的目标指向是谁。
　　　　　　　　　　　　　　　　　　　　　　　　　　　　（　　　）

5. 管理会计加工的信息必须是企业的对外经济业务。　　　（　　　）

6. 财务会计区别于管理会计信息系统的最重要的特征是信息的灵活性。（　　　）

7. 管理会计既受到会计准则的约束，又受到企业规章制度的约束。（　　　）

8. 目前，管理会计已经进入战略管理的阶段。　　　　　　（　　　）

9. 战略性绩效管理与传统的财务评价方法几乎一样。　　　（　　　）

10. 管理会计是一个信息系统，财务管理是一个资金管理系统。（　　　）

11. 管理会计可以通过减少信息不对称、预算管理、成本控制、绩效评价等为企业创造价值。　　　　　　　　　　　　　　　　　　　　　　（　　　）

12. 管理会计只提供货币信息。　　　　　　　　　　　　（　　　）

13. 经济单位应用管理会计时，需要考虑内外部环境。　　（　　　）

14. 与财务会计相比，管理会计侧重对未来的预测和决策。（　　　）

15. 管理会计提交的报告只是局限于企业内部。　　　　　（　　　）

### 三、单项选择题

1. 泰罗的科学管理理论的基本思想是（　　）。
  A. 提高企业的生产效率　　　　　B. 战略预算
  C. 战略管理　　　　　　　　　　D. 以决策为核心
2. 管理会计的服务对象侧重（　　）。
  A. 股东　　　　　　　　　　　　B. 债权人
  C. 政府部门　　　　　　　　　　D. 企业内部的经营管理者
3. 在（　　）的阶段，管理会计形成了系统完整的学科体系。
  A. 初期发展　　　　　　　　　　B. 以成本为控制
  C. 战略发展　　　　　　　　　　D. 以决策为核心
4. 管理会计是一个以提供（　　）为主的经济信息系统。
  A. 货币信息　　　　　　　　　　B. 非货币信息
  C. 货币信息与非货币信息　　　　D. 非财务信息
5. （　　）是管理会计信息子系统区别于其他子系统的根本标志。
  A. 管理会计职能　　　　　　　　B. 管理会计目标
  C. 管理会计信息质量要求　　　　D. 管理会计的实施方法
6. 下列选项中，不属于管理会计信息质量要求的是（　　）。
  A. 重要性　　　　　　　　　　　B. 可比性
  C. 精确性　　　　　　　　　　　D. 适应性
7. 下列关于管理会计的叙述中，不正确的是（　　）。
  A. 可以提供未来信息　　　　　　B. 以责任单位为主体
  C. 必须遵守企业会计准则　　　　D. 重视过程管理和职工作用
8. 管理会计的最终目标是（　　）。
  A. 实现价值的最大增值　　　　　B. 为管理者提供决策信息
  C. 参与企业的经营管理　　　　　D. 为投融资决策提供有效信息
9. 下列选项中，不属于管理会计循环的是（　　）。
  A. 规划　　　　　　　　　　　　B. 估值
  C. 决策　　　　　　　　　　　　D. 控制
10. 管理会计与财务会计的关系是（　　）。
  A. 目标不相同　　　　　　　　　B. 概念完全一样
  C. 基本信息不同源　　　　　　　D. 服务对象交叉

### 四、多项选择题

1. 会计的基本特征可以概括为（　　）。
  A. 会计的本质是输入、加工、输出货币信息
  B. 会计的目标是提供有助于经济决策的货币信息
  C. 会计的本质是提供非货币信息
  D. 在提供会计信息时可以适当夸大

2. 管理会计的基本特征是（　　　）。

    A. 为经济单位内部管理提供有用的会计信息

    B. 输入、加工和输出信息具有灵活性

    C. 为外部利害关系人提供基础财务信息

    D. 输入、加工和输出的信息具有系统性、完整性和连续性

3. 企业管理当局包括（　　　）。

    A. 董事长                                B. 董事

    C. 高层管理人员                      D. 具体管理实施人员

4. 常见的战略管理会计分析方法包括（　　　）。

    A. 关键指标分析法                 B. 平衡计分卡

    C. 沃尔评分法                       D. 比率分析法

5. 管理会计信息质量要求包括（　　　）。

    A. 相关性                                B. 可靠性

    C. 重要性                                D. 增值性

    E. 适应性                                F. 可比性

6. 管理会计的边界约定包括（　　　）。

    A. 信息系统约定                B. 货币计量约定

    C. 经济主体约定                D. 价值创造约定

7. 管理会计的原则包括（　　　）。

    A. 战略导向原则                B. 融合性原则

    C. 适应性原则                 D. 成本效益原则

8. 成本管理的方法包括（　　　）。

    A. 目标成本法                 B. 变动成本法

    C. 作业成本法                 D. 标准成本法

9. 在以控制为核心的管理会计发展阶段，管理会计的主要内容包括（　　　）。

    A. 标准成本                   B. 预算控制

    C. 战略管理                   D. 差异分析

10. 管理会计的应用应充分了解企业外部和内部环境。下列选项中，经济环境包括（　　　）。

    A. 经济体制                   B. 通货膨胀水平

    C. 技术环境                   D. 行业环境

**五、简答题**

1. 什么是纵向价值链？纵向价值链分析的主要内容和目的是什么？

2. 什么是横向价值链？横向价值链分析的主要内容和目的是什么？

3. 研究管理会计与财务会计的区别和联系的意义是什么？

4. 简述管理会计的信息质量要求。

5. 简述管理会计的原则。

## 六、案例分析题

### 管理会计师的价值

特许公认会计师公会（ACCA）曾和美国管理会计师协会（IMA）进行了一项全球经济形势的调查，对 2 300 名财会专业人士进行了分析，旨在理解中小企业与财会专业人士合作的原因与方式。该研究发现，中小企业聘请会计师，为的是让他们帮助企业建立或保留企业的有形资本和无形资本。中小企业聘请财会专业人士，让其开展财务人才招聘、资本支出、质量管理、产品创新和服务创新等工作。由于专业的重要性，当企业信心指数较低时，一些中小企业宁可为多余的财会人员重新安排工作，也不会辞退他们。中小企业认为，财会专业人士是企业与主要客户以及供应商之间的关键联络人员。

事实上，在中小企业中，管理会计师的工作责任广泛，除了为顾客与供应商监督供应链，以保障效率和可持续发展，同时还要评估税项负债、风险、规划和预测。管理会计师需要管理的利益相关方也十分广泛，包括政府及其下属机构。

中小企业必须认识到，在企业经营的过程中，管理会计师必不可少，雇佣管理会计师不只是为了完成任务或解决企业发展中可能出现的问题。管理会计师在支持中小企业的发展和促进其成长方面也非常重要。

要求：根据上述资料，结合我国的实际情况，分析我国中小企业可持续发展的必要性及管理会计师可能发挥的作用。

（资料来源：高绍福，黄亮.《管理会计》习题与案例［M］.北京：经济科学出版社，2015. 原文有修改）

# 练习题参考答案

## 一、名词解释

1. 共同需要是指经济主体外部利害关系人有多种多样，所需要的会计信息亦千差万别，企业或单位既没有能力也没有必要提供各种利害关系人所需要的所有信息或特殊信息，而只能提供反映企业基本财务活动状况的基础信息。

2. 重要性，即管理会计信息获取或报告要以信息是否重要作为取舍标准。也就是说，企业对于重要的信息应尽可能充分、准确地获取，而对于不重要的信息，则在不影响决策或不至于误导判断的前提下，适当简化，或者允许的误差较大，甚至忽略不计。

3. 管理会计是特定经济主体建立的，以价值创造为主要目的，通过提供有用的以货币信息为主的经济信息，参与经济单位战略规划、决策、控制和评价等管理活动的一个经济信息系统。

4. 融合性原则是指企业应将管理会计工具和方法与企业管理当局和企业内部各个责任单位的管理活动以及业务管理的各个环节紧密地结合在一起。

5. SWOT分析法是一种综合考虑企业内部条件和外部环境的各种因素，对企业各项业务经营面临的强势与弱势、机会与威胁进行系统评价，并据此选择企业战略的方法。

## 二、判断题

1. √        2. √        3. √        4. √        5. ×

6. × 　　7. × 　　8. √ 　　9. × 　　10. √
11. √ 　　12. × 　　13. √ 　　14. √ 　　15. ×

### 三、单项选择题

1. A 　　2. D 　　3. D 　　4. A 　　5. B
6. C 　　7. C 　　8. A 　　9. B 　　10. D

### 四、多项选择题

1. AB 　　2. AB 　　3. ABCD 　　4. ABC 　　5. ABCDEF
6. ABCD 　　7. ABCD 　　8. ABCD 　　9. ABD 　　10. AB

### 五、简答题

1. 什么是纵向价值链？纵向价值链分析的主要内容和目的是什么？

答：纵向价值链是指单个企业一般占有纵向价值链上一个或若干个价值环节，但并非所有的价值环节都能提供同等的盈利机会，企业应选择盈利能力最好的价值环节来创造自身价值。纵向价值链分析的结果在于确定企业应该生产什么。

2. 什么是横向价值链？横向价值链分析的主要内容和目的是什么？

答：横向价值链是指某一最终产品的生产可以通过多种途径和组合方式来完成，在整个社会空间上必然存在一系列互相平行的纵向价值链，所有在一组互相平行的纵向价值链上的企业之间就形成了一种相互影响、相互作用的内在联系。横向价值链分析指出企业生产该种产品的竞争优势所在和相关的限制条件。

3. 研究管理会计与财务会计的区别和联系的意义是什么？

答：研究管理会计与财务会计的区别和联系，不仅仅是为了从理论上把握两者各自的特定内涵，更重要的是在"业财融合"的目标下行之有效地开展会计工作，尤其应开展是管理会计工作，充分发挥价值创造的作用。研究两者的区别是为了明确各自的任务，做好本职工作。研究两者的联系是为了在分工的基础上实现有效合作。

4. 简述管理会计的信息质量要求。

答：（1）相关性，即管理会计信息应当与企业管理决策相关。

（2）可靠性，即衡量管理会计信息有用性的一个重要指标，实际上是由真实性、公允性、无误性、完整性和谨慎性五个次级特征构成的。

（3）重要性，即管理会计信息获取或报告要以信息是否重要作为取舍标准。

（4）适应性，即系统所应具有的环境适应性。

（5）增值性，即管理会计信息应具有帮助经济主体创造价值的能力。

（6）可比性，即不同时间的管理会计信息应具有可比性。

5. 简述管理会计的原则。

答：（1）战略导向原则。管理会计是为内部管理服务的，而企业内部管理，包括决策、预算、控制和评价，必须依据企业的发展战略而展开。因此，管理会计的应用应以企业的战略规划为导向，以持续创造价值为核心，促进企业可持续发展。

（2）融合性原则。企业应将管理会计工具和方法与企业管理当局、企业内部各个责任单位的管理活动以及业务管理的各个环节紧密地结合在一起。

（3）适应性原则。管理会计信息系统应能够适应环境的变化及要求。

（4）成本效益原则。管理会计活动的开展、管理会计工具和方法的选择必须坚持收益大于成本的原则。

## 六、案例分析题

答：中国有大约 1 000 万家中小企业。中小企业规模虽小，但却是国民经济的重要组成部分。过去，可持续发展往往被视为大企业所涉足的领域，在这个问题上，中小企业一直被边缘化。究其根源，这与某种困惑有关：人们并不确定绿色发展与中小企业是否相关，也不了解可持续发展对中小企业的意义。中小企业往往认为可持续发展不过是政策制定者强加给它们的一项要求，并没有实际意义。实际上，中小企业同样面临许多竞争性需求。中小企业的可持续发展具有广泛意义：不仅有利于生态环境和绿色经济的发展，也与企业本身的持续经营和蓬勃发展密切相关。在此背景下，管理会计师应作为桥梁，为中小企业在可持续发展相关问题方面提供帮助。管理会计师所具备的技能、知识和能力，不仅可以帮助中小企业成长、生存，更可以促进中小企业实现绿色发展及可持续发展，并满足不断变化的监管和经济形势的要求。

特许公认会计师公会的一份报告《让可持续发展融入中小企业》也强调了这一点。该报告概述了特许公认会计师公会中小企业全球论坛的见解，提出针对政府、企业和会计行业发展的一系列建议，可以帮助中小企业在可持续发展的商业实践方面取得良好的发展势头。

该报告提到，中小企业在可持续发展方面所发挥的作用和可获得的益处得到了认可和推广，但仍要持续努力，扫除中小企业接受可持续发展理念的障碍。要实现可持续发展，中小企业必须在其投资战略中听取恰当的财务建议，以寻求未来投资的关键。没有恰当的财务建议和必要的指导，企业不可能做出恰当的投资决策。

当下，我国经济已经进入高质量发展新时代。中国财会专业人士不能将自己限制在会计、审计和数据收集这些传统领域里，而应该成为企业的战略合作伙伴，为自己和企业带来价值。可以说，管理会计师和中小企业是一个完美的联盟。与管理会计师成为战略合作伙伴，中小企业未来的发展不可限量。中小企业也可以发展成为全球企业，开展国际贸易，吸引投资，并以可持续的方式实现增长。

# 第二章
# 管理会计方法基础

------------------------------------------------

## 学习目标

通过对本章的学习，学生应了解和掌握货币时间价值的基本概念、复利及年金的现值和终值的计算原理，风险的分类及度量指标，风险收益的计算，资本资产定价模型，固定成本、变动成本、混合成本的定义、分类和相关范围，混合成本的分解方法，本量利分析的原理和方法。学生应能够采用本量利分析这一工具应用于企业生产经营中的产销均衡分析，掌握实现企业目标利润的影响因素。

## 学习指导

1. 学习重点
（1）理解货币时间价值的概念，掌握复利及年金现值和终值的计算方法；
（2）理解风险及风险收益的概念，熟悉风险衡量的指标，掌握系统风险、非系统风险的定义，理解并掌握资本资产定价模型衡量风险收益；
（3）理解成本性态的含义、成本按照性态进行分类的意义和作用；
（4）理解固定成本、变动成本和混合成本的定义、特征、分类；
（5）掌握混合成本分解方法的基本原理及优缺点；
（6）理解本量利分析的含义、假设条件的内容和意义；
（7）理解本量利分析的基本模型；
（8）掌握本量利分析在单一产品条件下的盈亏临界点分析、目标利润分析、安全边际分析、敏感性分析；
（9）了解本量利分析在多品种条件下的盈亏临界点分析、盈亏临界图、产品品种结构变动对盈亏临界点的影响。

2. 学习难点
（1）递延年金现值的计算方法；
（2）资本资产定价模型的局限性；
（3）成本按照性态进行分类的约束条件——"一定期间，一定范围"；
（4）运用综合贡献毛益率进行多品种条件的盈亏临界点分析；
（5）运用本量利分析的基本原理和方法解决问题。

# 练习题

## 一、名词解释

1. 货币时间价值

2. 风险价值

3. 系统风险

4. 非系统风险

5. 成本性态

6. 变动成本

7. 固定成本

8. 本量利分析

9. 盈亏临界点分析

10. 敏感系数

11. 综合贡献毛益率法

## 二、判断题

1. 在一年内计息几次，则实际利率要高于名义利率。　　　　　　　　（　　）
2. 普通年金和预付年金的区别仅在于年金个数的不同。　　　　　　　（　　）
3. 投资收益率等于投资风险收益率。　　　　　　　　　　　　　　　（　　）
4. 期望值可以用于衡量投资风险的高低。　　　　　　　　　　　　　（　　）
5. 一般以国库券利率衡量投资的无风险收益率。　　　　　　　　　　（　　）
6. 固定成本是指其总额在一定期间内不受业务量的影响而保持固定不变的成本。
　　　　　　　　　　　　　　　　　　　　　　　　　　　　　　　（　　）
7. 酌量性固定成本的大小完全取决于管理当局的决定，它不能形成顾客所认为的价值，因此在进行成本控制的时候应尽量压缩其总量。　　　　　　（　　）
8. 无论业务量如何变动，固定成本总额都永远不变。　　　　　　　　（　　）
9. 账户分析法是根据各个成本、费用账户（包括明细账户）的内容，直接判断其与业务量之间的相互变动关系，从而确定其成本性态的一种成本分解方法。（　　）
10. 混合成本是指"混合"了固定成本和变动成本两种不同性态的成本。（　　）
11. 成本按照性态划分的基本假设同时也是本量利分析的基本假设。　（　　）
12. 在传统盈亏临界图中，总成本既定的情况下，销售价格越低，盈亏临界点越高；反之，盈亏临界点越低。　　　　　　　　　　　　　　　　　（　　）
13. 企业产品提供的贡献毛益就是企业的利润。　　　　　　　　　　（　　）
14. 贡献毛益首先用于弥补固定成本，之后如果有余额，才能是企业的利润。
　　　　　　　　　　　　　　　　　　　　　　　　　　　　　　　（　　）
15. 利量式盈亏临界图进行多品种的本量利分析时，应按照产品的销售量进行高低排序。　　　　　　　　　　　　　　　　　　　　　　　　　　（　　）
16. 企业利润可以通过安全边际销售量与单位产品贡献毛益相乘得到。（　　）
17. 因为安全边际是正常销售额超过保本销售额的差额，并表示销售额下降多少企业仍不至于亏损，所以安全边际部分的销售额就是企业的利润。　（　　）
18. 安全边际率越大，保本作业率越小，企业经营就越不安全。　　　（　　）

19. 贡献毛益小于零的企业，必然是亏损企业。 （    ）

20. 在多品种条件下，产品品种结构的变动会影响多品种产品的综合保本额。

（    ）

三、单项选择题

1. 普通年金终值系数的倒数又称为（    ）。
    A. 复利终值系数              B. 偿债基金系数
    C. 年金现值系数              D. 投资回收系数

2. 陈先生在 5 年后有 5 000 元债务到期，他打算从现在开始于每年年末在银行存入一笔等额资金，年利率为 10%。他每年应存入（    ）元。
    A. 1 000                     B. 819
    C. 721                       D. 834

3. 下列各类年金中，只有现值没有终值的是（    ）。
    A. 普通年金                  B. 递延年金
    C. 永续年金                  D. 预付年金

4. 下列指标中，不能用于度量风险的是（    ）。
    A. 期望值                    B. 标准差
    C. 标准离差率                D. 方差

5. 在资本资产定价模型中，计算风险收益率时只是考虑了系统风险，没有考虑（    ）。
    A. 非系统风险                B. 无风险收益率
    C. 风险收益率                D. 风险程度的高低

6. 下列费用中，属于酌量性固定成本的是（    ）。
    A. 房屋及设备租金            B. 技术开发费
    C. 行政管理人员的薪酬        D. 不动产税

7. 下列费用中，属于约束性固定成本的是（    ）。
    A. 照明费                    B. 广告费
    C. 职工教育费                D. 业务招待费

8. 下列各种混合成本中，可以用 $y = a + bx$ 表示的是（    ）。
    A. 半固定成本                B. 延伸变动成本
    C. 半变动成本                D. 阶梯式固定成本

9. 管理会计将成本区分为固定成本、变动成本、混合成本，这种分类的标志是（    ）。
    A. 成本的可辨认性            B. 成本的可盘存性
    C. 成本的性态                D. 成本的时态

10. 在不改变企业生产经营能力的前提下，采取降低固定成本总额的措施通常是指降低（    ）。
    A. 约束性固定成本            B. 酌量性固定成本
    C. 半固定成本                D. 单位固定成本

11. 在变动成本法中，销售收入减去变动成本等于（　　）。

    A. 销售毛利　　　　　　　　　　B. 税后利润

    C. 税前利润　　　　　　　　　　D. 贡献毛益

12. 在进行混合成本分解时，下列方法中，计算结果最为精确的是（　　）。

    A. 高低点法　　　　　　　　　　B. 散布图法

    C. 回归直线法　　　　　　　　　D. 以上选项同样精确

13. 当企业实行计时工资时，其支付给职工的工资总额属于（　　）。

    A. 延伸性变动成本　　　　　　　B. 半固定成本

    C. 半变动成本　　　　　　　　　D. 固定成本

14. 当企业的剩余生产力无法转移时，应不继续生产某亏损产品的条件之一是（　　）。

    A. 该产品的单价等于单位变动成本　　B. 该产品的单价大于单位变动成本

    C. 该产品的单位贡献毛益大于零　　　D. 该产品的变动成本率大于100%

15. 在单位式盈亏临界图中，产品销售价格线与（　　）的交点即为盈亏临界点。

    A. 单位成本线　　　　　　　　　B. 单位固定成本线

    C. 单位变动成本线　　　　　　　D. 利润线

16. 某企业只生产一种产品，单位变动成本为36元，固定成本总额为4 000元，产品单价为56元。要使安全边际率达到50%，该企业的销售量应达到（　　）件。

    A. 400　　　　　　　　　　　　B. 222

    C. 143　　　　　　　　　　　　D. 500

17. 某企业2020年12月的销售收入为20万元，贡献毛益率为60%，其变动成本总额为（　　）万元。

    A. 8　　　　　　　　　　　　　B. 12

    C. 4　　　　　　　　　　　　　D. 16

18. A产品保本点为1 000台，实际销售1 500台，每台产品的单位贡献毛益为10元，则实际获利额为（　　）元。

    A. 15 000　　　　　　　　　　　B. 10 000

    C. 25 000　　　　　　　　　　　D. 5 000

19. 某企业只生产一种产品，单价为6元，单位变动生产成本为4元，单位变动销售和管理成本为0.5元，销售量为500件。其产品贡献毛益为（　　）元。

    A. 650　　　　　　　　　　　　B. 750

    C. 850　　　　　　　　　　　　D. 950

20. 在各种盈亏临界图中，（　　）更加符合变动成本法的思路。

    A. 传统式　　　　　　　　　　　B. 贡献毛益式

    C. 利量式　　　　　　　　　　　D. 单位式

21. 在本量利分析中，必须假定产品成本的计算基础是（　　）。

    A. 完全成本法　　　　　　　　　B. 变动成本法

    C. 制造成本法　　　　　　　　　D. 以上各项都是

22. 在安全边际范围内，每减少一个单位的销售量，减少利润额就是一个单位的（　　）。

    A. 销售价格 　　　　　　　　　B. 变动成本

    C. 成本 　　　　　　　　　　　D. 单位贡献毛益

23. 下列选项中，不受销售量变动影响的是（　　）。

    A. 利润 　　　　　　　　　　　B. 安全边际量

    C. 安全边际额 　　　　　　　　D. 单位贡献毛益

24. 下列指标中，可以判断企业经营安全程度的是（　　）。

    A. 贡献毛益 　　　　　　　　　B. 单位贡献毛益

    C. 盈亏临界点销售量 　　　　　D. 盈亏临界点作业率

25. 在多品种情况下进行盈亏临界点分析，当产品品种结构产生变化时，盈亏临界值肯定（　　）。

    A. 发生变化 　　　　　　　　　B. 不变

    C. 不确定 　　　　　　　　　　D. 以上各项都可能

## 四、多项选择题

1. 下列说法中，正确的是（　　）。

    A. 货币时间价值可以用纯利率表示

    B. 偿债基金系数与年金现值系数互为倒数

    C. 在现值和利率已知的条件下，计息期数越多复利终值越大

    D. 利率中包含时间价值、风险价值和通货膨胀的因素

2. 递延年金具有（　　）特点。

    A. 第一期没有支付额 　　　　　B. 其终值大小与递延期长短有关

    C. 其现值大小与递延期长短有关 　D. 计算现值的方法与普通年金相同

3. 在（　　）条件下，实际利率等于名义利率。

    A. 单利 　　　　　　　　　　　B. 每年复利计息 1 次

    C. 复利 　　　　　　　　　　　D. 每年复利计息次数大于 1 次

4. 必要报酬率由（　　）两方面组成。

    A. 无风险收益率 　　　　　　　B. 风险收益率

    C. 最低收益率 　　　　　　　　D. 实际收益率

5. 下列选项中，属于非系统风险的是（　　）。

    A. 工人罢工 　　　　　　　　　B. 研发失败

    C. 诉讼失败 　　　　　　　　　D. 政治动荡

6. 下列选项中，属于系统风险的有（　　）。

    A. 税制改革 　　　　　　　　　B. 政治动荡

    C. 通货膨胀 　　　　　　　　　D. 失去销售合同

7. 在相关范围内固定不变的是（　　）。

    A. 固定成本 　　　　　　　　　B. 单位产品固定成本

    C. 变动成本 　　　　　　　　　D. 单位变动成本

8. 下列选项中，属于酌量性成本的是（　　　）。

    A. 不动产的税金　　　　　　　　B. 职工的培训费

    C. 销售人员计提的佣金　　　　　D. 广告费

9. 混合成本通常可以分为（　　　）。

    A. 半变动成本　　　　　　　　　B. 半固定成本

    C. 延伸性变动成本　　　　　　　D. 酌量性成本

10. 下列选项中，属于半变动成本的有（　　　）。

    A. 电费　　　　　　　　　　　　B. 水费

    C. 电话费　　　　　　　　　　　D. 计时制的工资

11. 成本性态分析最终将全部成本区分为（　　　）。

    A. 固定成本　　　　　　　　　　B. 变动成本

    C. 混合成本　　　　　　　　　　D. 半变动成本

12. 企业可以采取（　　　）等措施降低约束性变动成本。

    A. 改进设计　　　　　　　　　　B. 提高材料综合利用率

    C. 避免浪费　　　　　　　　　　D. 降低单位耗用量

13. 下列选项中，一般应纳入变动成本的有（　　　）。

    A. 直接材料　　　　　　　　　　B. 单独核算的包装物成本

    C. 折旧额　　　　　　　　　　　D. 培训费

14. 变动成本法中，产品成本包括（　　　）。

    A. 直接材料　　　　　　　　　　B. 直接人工

    C. 变动制造费用　　　　　　　　D. 制造费用

    E. 固定制造费用

15. 本量利分析方法的基本假设有（　　　）。

    A. 相关范围假设　　　　　　　　B. 模型线性假设

    C. 产销平衡假设　　　　　　　　D. 变动成本假设

    E. 品种结构不变假设

16. 在盈亏临界图中，盈亏临界点的位置取决于（　　　）。

    A. 固定成本　　　　　　　　　　B. 单位变动成本

    C. 销售量　　　　　　　　　　　D. 销售单价

17. 在盈亏临界图中，下列描述中，正确的是（　　　）。

    A. 在总成本既定的情况下，销售单价越高，盈亏临界点越低

    B. 在总成本既定的情况下，销售单价越高，盈亏临界点越高

    C. 在销售单价、单位变动成本既定的情况下，固定成本越大，盈亏临界点越高

    D. 在销售单价、固定成本总额既定的情况下，单位变动成本越大，盈亏临界点越高

    E. 在销售单价、固定成本既定的情况下，单位变动成本越大，盈亏临界点越低

18. 下列各等式中，成立的有（　　　）。

    A. 变动成本率+安全边际率=1　　　　B. 贡献毛益率+安全边际率=1

    C. 贡献毛益率+变动成本率=1　　　　D. 安全边际率+保本作业率=1

19. 下列选项中，计算结果等于贡献毛益率的是（　　　）。

    A. 单位贡献毛益/单价　　　　　　　B. 1-变动成本率

    C. 贡献毛益/销售收入　　　　　　　D. 固定成本/保本销售额

20. 下列选项中，可能成立的关系有（　　　）。

    A. 贡献毛益率等于变动成本率

    B. 贡献毛益率小于变动成本率

    C. 贡献毛益率和变动成本率都小于零

    D. 贡献毛益率和变动成本率都大于 1

21. 企业为了实现目标利润，可以采取的措施包括（　　　）。

    A. 在其他因素不变的情况下，提高单价

    B. 在其他因素不变的情况下，增加销售量

    C. 在其他因素不变的情况下，增加单位变动成本和固定成本

    D. 提高贡献毛益高的品种的销售比重，降低贡献毛益低的品种的销售比重

22. 下列选项中，可以扩大安全边际的方法有（　　　）。

    A. 增加销售量　　　　　　　　　　　B. 提高单价

    C. 降低固定成本　　　　　　　　　　D. 降低单位变动成本

23. 单价、固定成本、销售量、固定成本的变动都会引起利润的变动。下列选项中，一般情况下，利润对（　　　）的变化比较敏感。

    A. 单价　　　　　　　　　　　　　　B. 固定成本

    C. 单位变动成本　　　　　　　　　　D. 成本总额

24. 下列说法中，正确的有（　　　）。

    A. 敏感系数为正数，说明它和利润为同向变动关系

    B. 敏感系数为负数，说明它和利润为反向变动关系

    C. 在进行敏感性分析时，以敏感系数的绝对值进行分析，即其正负值无关紧要

    D. 敏感系数越大，说明其敏感程度越高

25. 下列说法中，正确的有（　　　）。

    A. 在综合贡献毛益率法中，销售比重以产品数量计算

    B. 各产品的贡献毛益率不会影响综合贡献毛益率的高低

    C. 在多产品的盈亏临界图中，利润线是唯一的

    D. 产品品种结构的变化会对盈亏临界点产生影响

## 五、简答题

1. 如何计量风险程度。

2. 简述变动成本的基本特征。

3. 简述固定成本的基本特征。

4. 简述高低点法的基本做法和需要注意的问题。

5. 本量利分析方法的基本假设有哪些?

6. 研究盈亏临界点分析有何意义?

7. 单位式盈亏临界图与一般盈亏临界图相比有哪些特点？

8. 在本量利关系中，进行敏感性分析的主要目的是什么？

9. 进行敏感性分析的作用是什么？

10. 简述综合贡献毛益率法的概念及其计算步骤。

六、计算题

1. 某公司进行一项投资，预计前 5 年无现金流入，后 8 年每年年初的现金流入为 200 万元。假设年利率为 10%，求该项投资的现金流入的现值之和。

2. 某公司持有 A、B 两种股票的资产组合，它们的 β 系数分别为 2.0、0.4，它们在该资产组合中的投资比重分别为 60%、40%，股票的平均市场收益率为 16%，无风险报酬率为 10%。

试确定：

(1) 资产组合的 β 系数。

（2）资产组合的风险报酬率。

（3）资产组合的报酬率。

3. 某工厂将过去一年 12 个月中最低业务量和最高业务量情况下的制造费用总额摘录如表 2-1 所示。

表 2-1　最低业务量和最高业务量情况下的制造费用总额

| 摘要 | 高点（10 月） | 低点（3 月） |
|---|---|---|
| 业务量/小时 | 75 000 | 50 000 |
| 制造费用总额/元 | 176 250 | 142 500 |

表 2-1 中，制造费用总额包括了变动成本、固定成本和混合成本。该工厂的会计对低点月份的业务量为 50 000 小时的制造费用进行了分析，结果如下：变动成本总额为 50 000 元，固定成本总额为 60 000 元，混合成本总额为 32 500 元。

要求：（1）采用高低点法将该工厂制造费用中的混合成本分解为固定成本和变动成本，并写出公式。

（2）如果该工厂的生产能量在 65 000 小时，则制造费用总额为多少？

4. 某公司只生产 A 产品，2020 年年初投产，当年即达到年产量 5 000 件的设计能力，并实际销售了 4 000 件。已知 2020 年该产品贡献毛益率为 40%，单位变动成本为 60 元，固定成本为 100 000 元。经测算，2021 年 A 产品单价和单位变动成本均不变，但是为了实现销售 5 000 件的目标，达到产销平衡，需要追加投入固定成本 20 000 元。

要求：（1）计算 2020 年的变动成本率、单价、营业收入、贡献毛益、营业利润。

（2）计算 2021 年的保本销售点及保本销售额。

5. 某公司只生产和销售一种产品，单价为 36 元，产销保持平衡。该公司目前生产能力为 1 500 件，其他相关成本数据如表 2-2 所示。现在该公司拟购置一台专用设备，购置费为 20 000 元，可用 5 年，无残值，采用直线法计提折旧。据测算，这台设备投入后，可使变动成本在现有基础上降低 20%（计算结果如有小数，采取四舍五入）。

表 2-2　其他相关成本数据　　　　　　　　　　　　单位：元

| 项目 | 变动成本 | 固定成本 |
| --- | --- | --- |
| 直接材料 | 9 000 | — |
| 直接人工 | 13 500 | — |
| 折旧 | — | 8 000 |
| 其他 | — | 12 000 |
| 合计 | 22 500 | 20 000 |

要求：（1）计算购置设备前的盈亏临界点（销售量）及可实现的利润。

（2）计算购置设备后的盈亏临界点（销售量）及可实现的利润。

（3）判断是否应购置该设备。

6. 某公司生产一种新产品，单位变动成本为 72 元，固定成本总额为 120 000元，销售量为 20 000 件。

要求：（1）假设目标税前利润为 20 000 元，计算每件产品的售价。

（2）假设在市场上销售的每件产品的售价不能高于 77 元，分析销量、单位变动成本和固定成本应分别如何变化，才能保持原有的目标税前利润。

7. 某公司只生产甲产品，2020 年度的销售情况如下：销售单价为 200 元，单位变动成本为 100 元，销售量为 10 000 件，固定成本为 500 000 元。

要求：（1）计算盈亏临界点作业率和安全边际率。

（2）计算 2020 年度实现的税前利润。

8. 某公司 2020 年实际销售量为 1 000 件，售价为 200 元，单位变动成本为 90 元，固定成本为 50 000 元。

要求：（1）若销售量增加 5%，计算销售敏感系数。

（2）若单位变动成本下降 10%，计算单位变动成本敏感系数（结果保留 2 位小数）。

9. 某公司的固定成本为 225 000 元，生产甲、乙两种产品，甲产品的销售单价为 20 元，单位变动成本为 10 元，本月销售量为 500 件；乙产品的销售单价为 30 元，单位变动成本为 26 元，本月销售量为 1 000 件。

要求：（1）分别计算两种产品的贡献毛益、贡献毛益率、变动成本率。

（2）计算加权贡献毛益率。

（3）计算综合保本销售额。

（4）计算甲产品的保本销售额和销售量。

（5）计算乙产品的保本销售额和销售量。

## 七、案例分析题

### 案例一：爱立信公司如何面对亏损

爱立信公司于 2001 年 1 月 26 日宣布退出手机生产。根据《华尔街日报》的分析，爱立信公司之所以选择退出，原因有飞利浦芯片厂火灾造成的损失、市场营销不力和产品设计等方面的问题。其中，在飞利浦芯片厂火灾之后，没有迅速做出反应，是爱立信公司落人之后的主要原因。

一、以退为进，才是英雄

手机生产已经进入"模块化时代"，具备了转包的技术条件。在手机的价值链"研发—设计—生产—供应—营销—销售—售后服务"7 个环节中，爱立信公司把生产和供应两个环节外包给了有专长的公司。爱立信公司解释说："我们把含金量最小的一部分，比如生产环节外包出去，含金量最大的研发环节由我们控制，爱立信公司每年把销售额的 15%（而不是利润的 15%）投入研发，以保持技术的领先。"

由自己运营生产厂家，成本过高，而交由社会生产厂家则经济得多。爱立信公司整机外包就是为了降低成本。"因为规模产生效益，按照爱立信的标准来做，与爱立信自己集成，质量是一模一样的。爱立信没有必要投入很多人力、物力在生产环节"。爱立信公司消费产品部总裁认为，"与伟创力国际有限公司（Flextronics）成为战略合作伙伴，将有助于我们的手机业务获得更好的规模经济效益及更大的灵活性，有利于我们继续保持在手机领域的领先地位。"

爱立信公司的整机外包不是被迫的，爱立信公司做此战略调整的主要原因是其手机生产一直经营不善，2000年全年亏损金额高达164亿瑞典克朗（约合127亿元人民币）。但是，爱立信公司所经营的电话交换系统业务却带来了丰厚的利润。2001年，爱立信公司的税前利润总额达到了287亿瑞典克朗（约合222亿元人民币），比1999年激增近75%。因此，爱立信公司从手机生产上脱身，把解放出来的资源用于加强手机产品的研发、设计、营销和售后服务等优势环节，做价值链上自己最强的部分，使爱立信公司的产品和售后服务更加完善，争取在竞争中抢占有利位置。

如此看来，爱立信公司让出手机生产，其实并没有让出手机市场。相反，此举还有助于爱立信公司的手机业务获得更好的规模经济效益及更大的灵活性，这将为爱立信公司的长期获利打下坚实的基础。

二、有所不为，才有所为

时下，不少企业特别是一些国有企业，在"有为"上确实充满热情，但在"不为"上缺少勇气。究其原因有二：一是老观念在作怪，"大而全""小而全"，万事不求人，没有看到全球经济发展的大趋势；二是没有自己的核心竞争力，当然什么都不愿（或者说不敢）放弃。看看爱立信公司应对亏损的案例，有很多方面值得那些刚刚扭亏或正在扭亏的企业学习。

三、策略性外包是国际大趋势

所谓"外包"，是指将产品的部分零件或整个产品交给其他供应商或生产商加工，自己只负责研发与销售。外包这种经营方式很常见，在经营上也非常科学。电脑、手机等很多行业都在运用外包模式。爱立信公司一直在做外包，把机壳、电池等外包给不同的供应商。国际著名的手机厂商为了将产业供应链的每一个环节都发挥最大的效能，同时降低成本，纷纷将自己的部分手机生产业务外包给亚洲的厂商。当爱立信公司的手机出现连续巨额亏损后，其所经营的电话交换系统业务却带来了丰厚的利润。此时选择将生产外包（相当于原来自己做家务，现在请小时工做家务），把精力、资金集中到更有可能成功的领域是明智的。

要求：（1）谈谈你对爱立信公司扭亏措施的理解。

（2）谈谈你对"有所为，有所不为"的看法。

（3）运用管理会计学的知识谈谈你对爱立信公司外包策略的看法。

[资料来源：孙茂竹，支晓强，戴璐. 管理会计学（第8版）学习指导书［M］. 北京：中国人民大学出版社，2018. 原文有修改]

**案例二：陈教授与张编辑的"讨价还价"**

陈教授是一位知名的会计学学者，准备在××出版社出版一本约25万字的教材，××出版社的张编辑给出的稿酬为8 000元，陈教授认为稿酬太低并请张编辑拿出稿酬依据。张编辑告知有关数据如下：该书定价40元，对外发行按七折销售，预计销售量为4 000册，每册书的印刷成本约为11元，出版书需要的书号应缴纳使用费30 000元。××出版社根据历年有关数据，要求每个书号要承担管理费用20 000元。另外，每个书号需承担盈利任务16 000元。张编辑据此分析，书的印刷成本为变动成本，而书号使用费、分摊管理费用、承担盈利任务、付作者稿酬为固定成本，由此计算如下：

保本销售量=（30 000+20 000+16 000+8 000）÷（40×70%−11）=4 353（册）

因此，该教材销售量必须达到4 353册才能保本。而张编辑根据其多年出版会计专业教材的经验，预期销售量为4 000册，预定印刷量也为4 000册，8 000元的稿酬已经很高了。

陈教授指出张编辑的计算过程中存在以下两个问题：

一是保本点的任务是弥补企业的成本，因此书号应承担的盈利任务16 000元不应计入，张编辑计算的保本量实际上是保利量。正确的计算应为：

保本销售量=（30 000+20 000+8 000）÷（40×70%−11）=3 412（册）

二是若只印4 000册（小于保利量4 353册）将完不成出版社的盈利任务。但是，陈教授有信心，该书的销售量可以突破5 000册。因此，陈教授承诺按书价的七折包销1 600册，也愿意承担部分风险而将稿酬与实际销售情况挂钩，但前提是出版社可以将稿酬改为按定价的10%乘实际销售量计算。

要求：（1）假设由作者包销教材1 600册会冲击出版社原有预计的销售量10%左右，站在出版社张编辑的角度，他可否接受陈教授的要求？

（2）若出版5 200册并能全部售出，能否完成书号应承担的盈利任务？

（3）根据有关变动成本、固定成本、单价、预计销售量等数据，制作预计利润表。

（资料来源：高绍福，黄亮.《管理会计》习题与案例［M］.北京：经济科学出版社，2015. 原文有修改）

# 练习题参考答案

## 一、名词解释

1. 货币时间价值是指一定量的资金在不同时点上价值量的差额。货币时间价值来源于资金在运动过程中，经过一定时间的投资与再投资后所产生的增值。

2. 风险价值又称风险报酬，是指企业冒风险投资所获取的额外收益。

3. 系统风险又称市场风险或不可分散风险，是影响所有资产的且不能通过投资组合而消除的风险。

4. 非系统风险又称特殊风险、特有风险或可分散风险，是指发生于个别公司的特有事件造成的风险。

5. 成本性态又称成本习性，是指成本总额与特定业务量之间在数量方面的依存关系。

6. 变动成本是指在一定期间和一定业务量范围内，其总额随着业务量的变动而呈正比例变动的成本。

7. 固定成本是指总额在一定期间和一定业务量范围内，不受业务量变动的影响而保持固定不变的成本。

8. 本量利分析是指以成本性态分析和变动成本法为基础，运用数学模型和图形，对成本、利润、业务量与单价等因素之间的依存关系进行分析，发现变动的规律性，为企业进行预测、决策、计划和控制等活动提供支持的一种定量分析方法。

9. 盈亏临界点分析又称保本分析、损益转折点分析，是指分析、测定盈亏平衡点以及有关因素变动对盈亏平衡点的影响等。

10. 敏感系数是指测定因素值变动百分比相对于目标值变动百分比的指标。

11. 综合贡献毛益率法又称为加权贡献毛益率法，是指将每种产品本身的贡献毛益率按该产品销售收入占全部销售收入的比重进行加权平均的方法。

## 二、判断题

| | | | | |
|---|---|---|---|---|
| 1. √ | 2. × | 3. × | 4. × | 5. √ |
| 6. × | 7. × | 8. × | 9. √ | 10. √ |
| 11. √ | 12. √ | 13. × | 14. √ | 15. × |
| 16. √ | 17. × | 18. × | 19. √ | 20. √ |

## 三、单项选择题

| | | | | |
|---|---|---|---|---|
| 1. B | 2. B | 3. C | 4. A | 5. A |
| 6. B | 7. A | 8. C | 9. C | 10. B |
| 11. D | 12. C | 13. A | 14. D | 15. A |
| 16. A | 17. A | 18. D | 19. B | 20. B |
| 21. B | 22. D | 23. D | 24. D | 25. A |

### 四、多项选择题

| | | | | |
|---|---|---|---|---|
| 1. ACD | 2. AC | 3. AB | 4. AB | 5. ABC |
| 6. ABC | 7. AD | 8. BCD | 9. ABC | 10. ABC |
| 11. AB | 12. ABCD | 13. AB | 14. ABC | 15. ABCDE |
| 16. ABD | 17. ACD | 18. CD | 19. ABCD | 20. AB |
| 21. ABD | 22. ABCD | 23. AC | 24. ABCD | 25. CD |

### 五、简答题

1. 如何计量风险程度。

答：风险是客观存在的，并广泛影响着企业的财务活动。因此，企业应当正视风险并且进行较为准确的量化，从而为企业的决策提供有益的帮助。风险的量化过程是不易进行的，但是由于风险与概率相关，因此对风险的衡量和计算需要使用概率和统计的方法。衡量风险的指标主要有方差、标准离差、标准离差率等。

2. 简述变动成本的基本特征。

答：（1）变动成本总额的变动性。这一特征在其定义中也得以反映，是指变动成本总额随着业务量的变化呈正比例变动关系。

（2）单位变动成本的不变性。变动成本总额的变动性特征决定了单位变动成本不受业务量增减变动的影响而保持不变。单位业务量中的变动成本是一个定量。

3. 简述固定成本的基本特征。

答：（1）固定成本总额的不变性，即固定成本总额不随业务量的变动而变动。

（2）单位固定成本的反比例变动，即单位固定成本随业务量的变动而变动，且为反比例变动。

4. 简述高低点法的基本做法和需要注意的问题。

答：高低点法的基本做法是以某一期间内最高业务量（高点）的混合成本与最低业务量（低点）的混合成本的差数，除以最高业务量与最低业务量的差数，得出的商数即为业务量的成本变量（单位业务量的变动成本额），进而可以确定混合成本中的变动成本部分和固定成本部分。

需要注意的问题如下：

（1）高点和低点的业务量为该项混合成本相关范围的两个极点，超出这个范围则不一定适用所得出的数学模型。

（2）高低点法根据高点和低点的数据来描述成本性态，其结果会带有一定的偶然性，因此在使用高低点法描述成本性态的时候，往往会对其模型进行一些修正。

（3）当高点或低点业务量不止一个，而成本又不同时，高点应取成本最大者，低点应取成本最小者。

5. 本量利分析方法的基本假设有哪些？

答：（1）变动成本法假设。

（2）相关范围假设，具体包括期间假设和业务量假设。

（3）模型线性假设。

（4）产销平衡假设。

（5）品种结构不变假设。

6. 研究盈亏临界点分析有何意义？

答：说明该产品在什么状态下将盈利或亏损；说明该产品在同行业竞争中所处的状态，盈亏临界点越高则竞争力就越低；是经营决策的基础，即企业应选择盈亏临界点低、发展潜力大、安全性好的产品。

7. 单位式盈亏临界图与一般盈亏临界图相比有哪些特点？

答：（1）单位变动成本固定化，即单位变动成本线是一条直线；单位固定成本变动化，即单位固定成本线成了一条曲线。当然，单位产品成本线（包括单位变动成本线和单位固定成本线）就成了一条曲线。

（2）当销售量越来越小时，企业的亏损就越来越趋于固定成本线；而当销售量越来越大时，由于单位产品所承担的单位固定成本越来越小，因此单位成本也就越来越接近单位变动成本，单位产品利润则越来越接近单位贡献毛益。

（3）单价与单位成本线的交点为盈亏临界点，即这一点对应的销售量下，全部销售收入刚好抵销了全部成本。

8. 在本量利关系中，进行敏感性分析的主要目的是什么？

答：（1）研究与提供能够引起目标发生质变，也就是由盈利转为亏损时各因素变化的界限。

（2）因素的变化对利润变化影响的敏感程度。

9. 进行敏感性分析的作用是什么？

答：敏感性分析的作用在于综合分析，即在确定各相关因素的敏感系数后，根据敏感系数的排序，按照最大原则寻找利润最大的组合方案，并在方案实施的过程控制中，分清主次，抓住重点，选择控制的重点和方法。

10. 简述综合贡献毛益率法的概念及其计算步骤。

答：综合贡献毛益率法又称为加权贡献毛益率法，是将每种产品本身的贡献毛益率按该产品销售收入占全部销售收入的比重进行加权平均，求得综合贡献毛益率。

综合贡献毛益率法的基本步骤如下：

（1）计算各产品的贡献毛益率。

（2）计算各产品的销售比重。

（3）计算综合贡献毛益率 = $\sum$（产品贡献毛益率×占总销售收入的比重）。

（4）计算综合盈亏临界销售额 = 固定成本÷综合贡献毛益率。

（5）计算各产品的盈亏临界点销售额 = 综合盈亏临界销售额×产品销售比重。

（6）计算某产品的盈亏临界点销售量 = 各产品的盈亏临界点销售额÷销售单价。

## 六、计算题

1. 解：$P = 200 \times (P/A, 10\%, 12) - 200 \times (P/A, 10\%, 4) = 728.76$（万元）

2. 解：（1）$\beta = 2 \times 60\% + 0.4 \times 40\% = 1.36$

（2）$R_R = 1.36 \times (16\% - 10\%) = 8.16\%$

（3）$R = 8.16\% + 10\% = 18.16\%$

3. 解：（1）根据该工厂的会计对低点月份的分析结果可得：

单位变动成本为 1 元/小时（50 000÷50 000），固定成本为 60 000 元。

因此，在高点月份的变动成本总额为 1×75 000＝75 000 元，固定成本为 60 000 元。

混合成本＝176 250−75 000−60 000＝41 250（元）

根据成本性态 $y=a+bx$，混合成本的分解如下：

单位变动成本＝（41 250−32 500）÷（75 000−50 000）＝0.35（元/小时）

固定成本＝41 250−0.35×75 000＝15 000（元）

混合成本公式为：$y=15\ 000+0.35x$

（2）固定成本为 60 000 元。

变动成本＝1×65 000＝65 000（元）

混合成本＝15 000+0.35×65 000＝37 750（元）

制造费用总额＝60 000+65 000+37 750＝162 750（元）

4. 解：（1）变动成本率＝1−40%＝60%

单价＝60÷60%＝100（元）

营业收入＝100×4 000＝400 000（元）

贡献毛益＝400 000×40%＝160 000（元）

营业利润＝160 000−100 000＝60 000（元）

（2）2021 年固定成本＝100 000+20 000＝120 000（元）

保本销售量＝120 000÷（100−60）＝3 000（件）

保本销售额＝3 000×100＝300 000（元）

5. 解：（1）单位变动成本＝22 500÷1 500＝15（元/件）

单位产品的贡献毛益＝36−15＝21（元）

盈亏临界点销售量＝20 000÷21≈952（件）

安全边际＝1 500−952＝548（件）

可实现利润＝548×21＝11 508（元）

或可实现利润＝1 500×36−1 500×15−20 000＝11 500（元）

（2）单位变动成本＝22 500÷1 500×（1−20%）＝12（元/件）

每年增加的折旧费用＝20 000÷5＝4 000（元）

单位产品的贡献毛益＝36−12＝24（元）

盈亏临界点销售量＝（20 000+4 000）÷24＝1 000（件）

安全边际＝1 500−1 000＝500（件）

可实现利润＝500×24＝12 000（元）

或可实现利润＝1 500×36−1 500×12−（20 000+4 000）＝12 000（元）

（3）购置设备后，该企业可以实现更多利润，因此购置设备是合理的。

6. 解：（1）单价＝（20 000+120 000）÷20 000+72＝79（元）

（2）销量＝（20 000+120 000）÷（77−72）＝28 000（件）

单位变动成本＝77−（20 000+120 000）÷20 000＝70（元）

固定成本＝（77−72）×20 000−20 000＝80 000（元）

若单价不能高于 77 元，则使销量提高到 28 000 件，或者单位变动成本下降到

70元，或者固定成本下降到80 000元均可以保持原有的目标税前利润。

7. 解：（1）保本销售量＝500 000÷（200－100）＝5 000（件）

盈亏临界点作业率＝5 000÷10 000×100%＝50%

安全边际率＝1－50%＝50%

（2）2020年度实现的利润＝10 000×（200－100）－500 000＝500 000（元）

8. 解：目前利润＝1 000×（200－90）－50 000＝60 000（元）

（1）销量增加5%的利润＝1 000×（1＋5%）×（200－90）－50 000＝65 500（元）

利润变动率＝（65 500－60 000）÷60 000×100%≈9.17%

销售量敏感系数＝9.17%/5%≈1.83

（2）单位变动成本下降10%时的利润＝1 000×[200－90×（1－10%）]－50 000
$$＝69 000（元）$$

利润变动率＝（69 000－60 000）÷60 000×100%＝15%

单位变动成本敏感系数＝15%÷（－10%）＝－1.5

9. 解：（1）甲产品的单位贡献毛益＝20－10＝10（元）

甲产品的贡献毛益总额＝10×500＝5 000（元）

甲产品的贡献毛益率＝10÷20×100%＝50%

甲产品的变动成本率＝1－50%＝50%

乙产品的单位贡献毛益＝30－26＝4（元）

乙产品的贡献毛益总额＝4×1 000＝4 000（元）

乙产品的贡献毛益率＝4÷30×100%≈13.3%

乙产品的变动成本率＝1－13.3%＝86.7%

（2）两种产品的销售收入＝20×500＋30×1 000＝40 000（元）

甲产品的比重＝20×500÷40 000＝0.25

乙产品的比重＝30×1 000÷40 000＝0.75

加权平均贡献毛益＝0.25×50%＋0.75×13.3%≈22.5%

（3）综合保本销售额＝225 000÷22.5%＝1 000 000（元）

（4）甲产品的保本销售额＝1 000 000×0.25＝250 000（元）

甲产品的保本销售量＝250 000÷20＝12 500（件）

（5）乙产品的保本销售额＝1 000 000×0.75＝750 000（元）

乙产品的保本销售量＝750 000/30＝25 000（件）

## 七、案例分析题

案例一：

答：（1）20世纪80年代以来，越来越多的公司认识到那种"大而全""小而全"（从原材料到最终产品链尽可能地垂直一体化）的生产模式来越来越不适应竞争的需要，出现了"反一体化"的趋势。价值链理念的提出也是源于对公司一种新的认识模式。高度垂直一体化的公司由于机构臃肿，不能对外界环境变化迅速做出反应，不能快速灵活地满足顾客复杂多变的产品服务需求，于是将部分非核心业务外包就成为一种模式，而公司只保留自己擅长的核心业务。爱立信公司正是采取保留核心业务的战略，从而在当时的竞争中获胜。

　　基于这样的理念，爱立信公司不断进行价值创新，提高资金投资回报率。价值创新是企业突破现有市场范围，改变企业现有盈利模式，强调对生产要素的重新配置和使用，将资源要素投入更有效创造价值的领域，是一种有别于传统低成本竞争的新型价值增值模式，是企业实现价值增值方式上的创新。价值增值方式的创新可以从两方面考虑：一是从价值链的角度，商品生产的不同阶段，其创造的价值是不一样的；二是由于劳动者具有多方面的劳动能力，而从事不同性质的劳动，其所创造的价值量是不同的。爱立信公司从手机生产上脱身，把解放出来的资源用于加强手机产品的研发、设计、营销、销售和售后服务等优势环节，做价值链上自己最强大的部分，从事更具价值附加值的劳动，使爱立信公司的产品和售后服务更加完善，在竞争中抢占了有利位置。

　　（2）"有所为"，即做自己最擅长、最有利于公司价值增值的事，通过价值驱动因素分析，构建一条具有独特性的、能够实现公司价值最大化，并持续创造价值的价值链。价值链的解构与整合的基本原则就是打造和培育企业核心能力。因此，爱立信公司从手机生产上脱身，把解放出来的资源用于加强手机产品的研发、设计、营销、销售和售后服务等优势环节，做价值链上自己最强的部分，使爱立信的产品和售后服务更加完善，获得更好的规模经济效益及更大的灵活性，在竞争中抢占了有利位置。

　　"有所不为"，即放弃自己不擅长、不利于公司价值增值的事。20世纪80年代以来，越来越多的公司认识到那种"大而全""小而全"（从原材料到最终产品链尽可能地垂直一体化）的生产模式越来越不适应竞争的需要，出现了"反一体化"的趋势。价值链理念的提出也是源于对公司一种新的认识模式。高度垂直一体化的公司由于机构臃肿，不能对外界环境变化迅速做出反应，不能快速灵活地满足顾客复杂多变的产品服务需求，于是将部分非核心业务外包就成为一种模式，而公司只保留自己擅长的核心业务。爱立信公司手机生产一直经营不善，2000年全年亏损金额高达164亿瑞典克朗（约合127亿元人民币）。但是，爱立信公司所经营的电话交换系统业务却带来了丰厚的利润。爱立信公司正是采取保留核心业务的战略，外包含金量最低的生产环节，从而在竞争中获胜，这些做法值得借鉴。

　　（3）从管理会计学角度来看，爱立信公司的外包策略，是通过价值驱动因素分析，构建一条具有独特性的、能够实现公司价值最大化，并持续创造价值的价值链。价值链的解构与整合的基本原则就是打造和培育企业的核心能力。爱立信公司退出手机生产则表明从传统模式向新模式的转换。手机的价值链可以简单地分解成研发、生产、销售三个环节。由于技术扩散和竞争加剧，在生产环节手机的利润已非常微薄，手机的利润主要在研发（新功能的开发）和销售上。发展中国家或地区由于拥有劳动力的成本优势，手机的生产制造已逐步转移到这些国家或地区。可能更重要的一点是，在这些国家，其顾客价值（顾客从购买产品中获得的效用）可能更大，因而其销量更大，从而带来的公司价值更大。在这种背景下，爱立信公司设在北美洲和欧洲等地的生产工厂已不具备竞争优势。从价值链角度看，手机制造这一环节已不可能为爱立信公司带来丰厚的利润，继续生产甚至可能产生负利润。同时，面对竞争对手的咄咄逼人，爱立信公司必须在研发领域有所突破，才能在世界无线通信领域站住脚。正是出于上述考虑，爱立信公司将除中国大陆以外的手机制造厂以"代工外包"的形式交给新加坡的一家公司经营，而将力量集中在研发和售后服务上。也就是说，爱立信公司对手机的价值链进行了新一轮的分解与整合，将重点放在了手机的技术研究、设计、品牌推广和市场营销上，将生产和供应交给新加坡公司负责。爱立信公司构建和拥有了具有独特性的、具有核心竞争力的价值链，极大促进了公司价值创造。

案例二：

答：（1）在按书价的10%计算稿酬的情况下，稿酬由固定成本转化为变动成本。

保本销售量＝（30 000＋20 000）÷（40×70%－11－40×10%）＝3 846（册）

保本作业率＝3 846÷5 200×100%＝73.96%

而原来按预计4 000册销售量、稿酬8 000元时（保本销售量为3 412册）：

保本作业率＝3 412÷4 000×100%＝85.3%

可见，保本作业率（危险率）可降低。这意味着，出版社用于保本的销售量降低、用于盈利的销售量增大，因此出版社可以考虑陈教授提高稿酬的要求。

（2）保利销售量＝（30 000＋20 000＋16 000）÷（40×70%－11－40×10%）
　　　　　　　　　＝5 077（册）

而预计销售量5 200册＞5 077册，所以能完成盈利16 000元的目标。

实际销售量为5 200册时：

利润＝（40×70%－11－40×10%）×5 200－（30 000＋20 000）＝17 600（元）

（3）根据有关变动成本、固定成本、单价、预计销售量等数据，编制预计利润表如表2-3所示。

表2-3　预计利润表（简表）

| 项目 | 金额/元 |
| --- | --- |
| 销售收入 | 145 600 |
| 减：变动成本 | 78 000 |
| 边际贡献 | 67 600 |
| 减：固定成本 | 50 000 |
| 利润 | 17 600 |

# 第三章
# 融资管理会计

--------------------------------------------------------------------

## 学习目标

通过对本章的学习，学生应了解融资管理会计的概念、原理、程序；理解资金需要量预测的方法，即因素分析法、销售百分比法和资金习性预测法；理解资本成本的构成、种类和作用，掌握个别资本成本和综合资本成本的计算；理解资本结构的含义，掌握资本结构决策的方法，即资本成本比较法、每股收益无差别点分析法和公司价值比较法。

## 学习指导

1. 学习重点
(1) 理解资金需求量的预测方法的资金习性预测法；
(2) 掌握个别资本成本的计算；
(3) 理解最佳资本结构的决策方法，重点掌握每股收益无差别点分析法。
2. 学习难点
(1) 边际资本成本；
(2) 每股收益无差别点分析和运用企业价值比较法进行最优资本结构的确定。

## 练习题

### 一、名词解释

1. 每股无差别点法

2. 销售百分比法

3. 资本结构

4. 资本成本

5. 融资管理

## 二、判断题

1. 其他条件不变时，优先股的发行价格越高，其资本成本也越高。  （　　）
2. 计算加权平均资本成本，采用市场价值权数能反映企业期望的资本结构，但不能反映筹资的现时资本成本。  （　　）
3. 平均资本成本比较法侧重从资本投入角度对筹资方案和资本结构进行优化分析。  （　　）
4. 超过筹资突破点筹集资金，只要维持现有的资本结构，其资本成本就不会增加。  （　　）
5. 公司的最佳资本结构不一定是每股收益最大的资本成本。  （　　）
6. 留存收益是企业利润所形成的，因此留存收益也有资本成本。  （　　）
7. 负债资金的利息具有抵税作用，权益资金的股利不具有抵税作用。  （　　）
8. 一般情况下，权益资金的资本成本要比负债资金的资本成本高。  （　　）
9. 某种资本的用资费用高，其资本成本就高；反之，用资费用低，其资本成本就低。  （　　）
10. 根据税法的规定，公司以税后利润向股东派发股利，股权资本成本没有抵税利益。  （　　）
11. 在个别资本成本不变的情况下，不同时期的综合资本成本也可能高低不等。  （　　）
12. 企业在确定资本结构时，为了保证原有股东的绝对控制权，应尽量避免普通股筹资。  （　　）
13. 增加负债比重虽然会影响信用评级机构对企业的评价，但可以降低资本成本。  （　　）
14. 利用每股收益无差别点法进行资本结构决策时，当预计的销售额高于每股

收益无差别点时，采用负债筹资方式比采用权益筹资方式更有利。 （  ）

15. 资本成本的本质是企业为筹集和使用资金而发生的代价。 （  ）

### 三、单项选择题

1. 某企业发行债券 200 万元，筹资费用率为 2%，债券的利息率为 10%，企业所得税税率为 25%，则企业债券的资本成本为（  ）。

    A. 6.8%                      B. 5.6%

    C. 4.8%                      D. 7.65%

2. 根据资金需要量预测的销售百分比法，下列关于负债项目的选项中，通常会随销售额变动而呈正比例变动的是（  ）。

    A. 短期融资券              B. 短期借款

    C. 长期负债                D. 应付票据

3. 采用销售百分比法预测资金需求量时，下列选项中，属于非敏感性项目的是（  ）。

    A. 现金                     B. 存货

    C. 长期借款               D. 应付账款

4. 下列选项中，属于资本成本中筹资费用的是（  ）。

    A. 优先股的股利支出       B. 银行借款的手续费

    C. 租赁的资金利息          D. 债券的利息费用

5. 下列选项中，运用普通股每股收益（每股收益）无差别点确定最佳资本结构时，需要计算的指标是（  ）。

    A. 息税前利润           B. 营业利润

    C. 净利润               D. 利润总额

6. 某公司普通股目前的股价为 10 元/股，筹资费率为 6%，预计第一年每股股利为 2 元，股利固定增长率为 2%，则该企业利用留存收益的资本成本为（  ）。

    A. 22.40%               B. 22.00%

    C. 23.70%               D. 23.28%

7. 下列关于资本成本的说法中，正确的是（  ）。

    A. 资本成本等于筹资费用与用资费用之和与筹资数额之比

    B. 一般而言，债券的筹资成本要高于银行借款的筹资成本

    C. 在各种资本成本中，普通股的资本成本一般不是最高的

    D. 使用留存收益不必付出代价，因此其资本成本为零

8. 某企业拟发行一笔期限为 3 年的债券，债券面值为 100 元，债券的票面利率为 8%，每年付息一次。企业发行这笔债券的费用为其债券发行价格的 5%。由于企业发行债券的利率比市场利率高，因此实际发行价格为 120 元。假设企业的企业所得税税率为 15%，则企业发行的债券成本为（  ）。

    A. 5.96%               B. 7.16%

    C. 7.02%               D. 8%

9. 下列个别资本成本的计算中，不需要考虑筹资费用的是（　　　）。
　　A. 长期债券资本成本　　　　　　　B. 留存收益资本成本
　　C. 普通股资本成本　　　　　　　　D. 长期借款资本成本

10. A 公司拟发行优先股 40 万股，发行总价为 200 万元，预计年股利率为 5%，发行费用为 10 万元。A 公司该优先股的资本成本为（　　　）。
　　A. 6.23%　　　　　　　　　　　　B. 5.63%
　　C. 5.26%　　　　　　　　　　　　D. 4.31%

### 四、多项选择题

1. 下列关于资本成本的说法中，正确的有（）。
　　A. 资本成本是衡量资本结构是否合理的重要依据
　　B. 资本成本一般是投资所应获得收益的最低要求
　　C. 资本成本是取得资本所有权所付出的代价
　　D. 资本成本是比较筹资方式、选择筹资方案的依据

2. 下列有关留存收益资本成本的表述中，正确的有（　　　）。
　　A. 留存收益是归属于股东的权益
　　B. 留存收益相当于股东对企业的再投资
　　C. 留存收益必要报酬率与普通股必要报酬率相同
　　D. 留存收益资本成本与普通股资本成本相同

3. 在个别资本成本中，需考虑所得税因素的是（　　　）。
　　A. 债券成本　　　　　　　　　　　B. 银行借款成本
　　C. 优先股成本　　　　　　　　　　D. 普通股成本

4. 在个别资本成本中，属于权益资本成本的是（　　　）。
　　A. 优先股成本　　　　　　　　　　B. 长期债券成本
　　C. 普通股成本　　　　　　　　　　D. 留存收益成本

5. 下列选项中，一般会导致企业资本成本下降的有（　　　）。
　　A. 证券市场流动性高　　　　　　　B. 国民经济健康、稳定
　　C. 通货膨胀水平提高　　　　　　　D. 企业盈利能力上升

6. 一般判断企业最优资本结构的方法有（　　　）。
　　A. 边际资本成本法　　　　　　　　B. 比较资本成本法
　　C. 每股收益无差别点分析法　　　　D. 企业价值比较法

7. 下列关于影响资本结构的因素的说法中，正确的有（　　　）。
　　A. 如果产销业务量能够以较高的水平增长，可采用高负债的资本结构
　　B. 如果企业为少数股东控制，可采用高负债的资本结构
　　C. 高新技术企业经营风险高，可采用高负债的资本结构
　　D. 当所得税税率较低时，可采用高债的资本结构

8. 利用每股收益无差别点进行企业资本结构分析决策时，（　　　）。
　　A. 当预计销售额高于每股收益无差别点时，采用权益筹资比采用负债筹资方式有利

新编管理会计学学习指导

  B. 当预计销售额高于每股收益无差别点时，采用负债筹资比采用权益筹资方式有利

  C. 当预计销售额低于每股收益无差别点时，采用权益筹资比采用负债筹资方式有利

  D. 当预计销售额低于每股收益无差别点时，采用负债筹资比采用权益筹资方式有利

9. 下列关于财务决策方法的选项中，可用于资本结构优化决策的有（  ）。

  A. 公司价值分析法      B. 安全边际分析法

  C. 每股收益分析法      D. 平均资本成本比较法

10. 企业债务成本过高时，可以采用的调整其资本结构的方式有（  ）。

  A. 将可转换债券转换为普通股，以降低债务比重

  B. 利用税后留存归还债务，以降低债务比重

  C. 以公积金转增资本

  D. 提前偿还长期债务，筹集相应的权益资金

## 五、简答题

1. 融资管理会计的程序有哪些？

2. 实施销售百分比法的基本步骤有哪些？

3. 我国企业的融资方式主要有哪些？

4. 什么是个别资本成本，其具体包括哪些内容？

5. 什么是最佳资本结构，其判断标准是什么？

### 六、计算题

1. 某公司拟发行 5 年期、年利率为 6%、面额为 1 000 元的债券，预计发行价格为 550 元，发行费用率为 2%，企业所得税税率为 25%。

要求：计算该公司债券的资本成本。

2. 某公司拟发行优先股 50 万股，发行总价为 150 万元，预计年股利率为 8%，发行费用为 6 万元。

要求：计算该公司优先股的资本成本。

3. 某公司普通股现行市价为每股 20 元，现准备增发 8 万股新股，预计发行费用率为 5%，第一年每股股利为 1 元，以后每年股利增长 5%。

要求：计算该公司本次增发普通股的资本成本。

4. 某公司打算筹资 8 000 万元，其中包括 2 000 万元债券（按面值平价发行），税前债务成本为 10%；优先股 1 000 万元，按面值发行，每年股息为 120 万元；其他全都为普通股，按面值发行，预计下一年股利为 500 万元，以后年度以 4% 的增长速度增长，该公司适用的企业所得税税率为 25%。

要求：（1）计算税后债券资本成本。

（2）计算优先股的资本成本。

（3）计算普通股的资本成本。

（4）计算加权平均资本成本。

5. 某公司目前已有 1 000 万元长期资本，均为普通股，股价为 10 元/股。现在该公司希望再实现 500 万元的长期资本融资，以满足扩大经营规模的需要。该公司以下有三种筹资方案可供选择：

方案一：全部通过年利率为 10% 的长期债券融资。

方案二：全部通过股利率为 12% 的优先股筹资。

方案三：全部依靠发行普通股筹资，按照目前的股价，需增发 50 万股新股。企业所得税税率为 25%。

要求：（1）计算长期债券融资和普通股筹资方式的每股收益无差别点。

（2）计算优先股筹资和普通股筹资的每股收益无差别点。

（3）假设该公司预期的息税前利润为 210 万元，若不考虑财务风险，该公司应当选择哪一种筹资方式？

6. 某公司适用的企业所得税税率为 25%，计划追加筹资 20 000 万元，方案如下：向银行取得长期借款 3 000 万元，借款年利率为 4.8%，每年付息一次；发行面值为 5 600 万元、发行价格为 6 000 万元的公司债权，票面利率为 6%，每年付息一次；增发普通股 11 000 万元。假定资本市场有效，当前风险收益率为 4%，市场平均收益率为 10%，该公司普通股的 $\beta$ 系数为 1.5。不考虑筹资费用、货币时间价值等其他因素。

要求：（1）计算长期借款的资本成本率。

（2）计算发行债券的资本成本率。

（3）利用资本资产定价模型计算普通股的资本成本率。

（4）计算追加筹资方案的平均资本成本率。

### 七、案例分析题

博宇航空公司于 2014 年实行杠杆式收购后，负债比率一直居高不下。直至 2019 年年底，该公司的负债比率仍然很高，有近 15 亿元的债务将于 2020 年到期。为此，该公司需要采用适当的筹资方式追加筹资，降低负债比率。

2020 年年初，该公司董事长和总经理正在研究筹资方式的选择问题。董事长和总经理两人都是主要持股人，也都是财务专家。他们考虑了包括增发普通股在内的筹资方式，并开始向投资银行咨询。

起初，投资银行认为，该公司可以按每股 20 元的价格增发普通股。但经分析，这是不切实际的，因为投资者对该公司有关机票打折策略和现役飞机机龄老化等问题顾虑重重，如此高价位发行，成功的概率不大。最后，投资银行建议，该公司可以按每股 13 元的价格增发普通股 2 000 万股，以提升股权资本比重，降低负债比率，改善财务状况。

博宇航空公司 2019 年年底和 2020 年年初增发普通股后（如果接受投资银行的建议），筹资方式组合如表 3-1 所示。

表 3-1　筹资方式组合

| 长期筹资方式 | 2019 年年底实际数 | | 2020 年年初估计数 | |
|---|---|---|---|---|
| | 金额/亿元 | 百分比/% | 金额/亿元 | 百分比/% |
| 长期债券 | 49.66 | 70.9 | 48.63 | 68.1 |
| 融资租赁 | 2.45 | 3.5 | 2.45 | 3.4 |
| 优先股 | 6.51 | 9.3 | 6.51 | 9.1 |
| 普通股 | 11.43 | 16.3 | 13.86 | 19.4 |
| 总计 | 70.05 | 100.0 | 71.45 | 100.0 |

假如你是该航空公司的财务总监：

（1）请你分析股票筹资方式的优缺点。

（2）你如何评价投资银行对该公司的咨询建议。

（3）你将对该公司提出怎样的筹资方式建议。

（资料来源：https://www.docin.com/p-1682152965.html.原文有修改）

# 练习题参考答案

## 一、名词解释

1. 每股收益无差别点法也称为息税前利润平衡点法或每股收益无差别点法，简写为 EBIT-EPS 分析法，是指使不同资本结构的每股收益相等时的息税前利润点。

2. 销售百分比法是假设某些资产、负债与销售收入存在稳定的百分比关系，根据预计销售收入和相应的百分比预计资产、负债，然后确定融资需求的一种财务预测方法。

3. 资本结构是指企业各种长期资本来源的构成和比例关系。通常情况下，企业的资本由长期债务资本和权益资本构成，资本结构指的就是长期债务资本和权益资本各占多大比例。

4. 资本成本是指企业筹集和使用资本而承担的代价，如筹资公司向银行支付的借款利息和向股东支付的股利等。

5. 融资管理是指企业为实现既定的战略目标，在风险匹配的原则下，对通过一定的融资方式和渠道筹集资金进行的管理活动。

## 二、判断题

| | | | | |
|---|---|---|---|---|
| 1. × | 2. × | 3. √ | 4. × | 5. √ |
| 6. √ | 7. √ | 8. √ | 9. × | 10. √ |
| 11. √ | 12. √ | 13. × | 14. √ | 15. √ |

## 三、单项选择题

| | | | | |
|---|---|---|---|---|
| 1. D | 2. D | 3. C | 4. B | 5. A |
| 6. B | 7. B | 8. A | 9. B | 10. C |

## 四、多项选择题

| | | | | |
|---|---|---|---|---|
| 1. ABD | 2. ABD | 3. AB | 4. ACD | 5. ABCD |
| 6. BCD | 7. AB | 8. BC | 9. ACD | 10. ABD |

## 五、简答题

1. 融资管理会计的程序有哪些？

答：融资管理会计的程序。

（1）建立健全融资管理的制度体系。

（2）选择合适的融资管理工具。

（3）合理编制融资计划。

（4）根据融资决策分析编制融资方案。

（5）落实融资方案，明确管理部门的责任。

（6）定期进行融资管理分析。

（7）编制融资管理报告。

（8）融资管理报告编制的要求。

（9）融资管理报告编制的时间。

（10）评估融资管理的效果。

2. 实施销售百分比法的基本步骤有哪些？

答：实施销售百分比法的基本步骤。

（1）确定随销售而变动的资产和负债项目。

（2）确定有关项目与销售额的稳定比例关系。

（3）确定需要增加的筹资数量。

3. 我国企业的融资方式主要有哪些？

答：我国企业的融资方式主要有吸收直接投资、发行股票、留存收益、银行借款、商业信用、发行债券、融资租赁。

4. 什么是个别资本成本，其具体包括哪些内容？

答：个别资本成本是指企业单种筹资方式的资本成本，包括债务资本成本和权益资本成本。其中，债务资本成本主要包括长期借款资本成本和债券资本成本；权益资本成本主要分为优先股资本成本、普通股资本成本和留存收益资本成本等。

5. 什么是最佳资本结构，其判断标准是什么？

答：最佳资本结构是指企业在一定期间内使加权平均资本成本最低、企业价值最大时的资本结构。

其判断标准有以下三个：

（1）有利于最大限度地增加所有者财富，能使企业价值最大化。

（2）企业加权平均资本成本最低。

（3）资产保持适宜的流动性，并使资本结构具有弹性。

其中，加权平均资本成本最低是主要标准。

## 六、计算题

1. 解：债券的资本成本 $= \dfrac{1\,000 \times 6\% \times (1-25\%)}{550 \times (1-2\%)} = 8.35\%$

2. 解：优先股的资本成本 $= \dfrac{150 \times 8\%}{150 - 6} = 8.33\%$

3. 解：普通股的资本成本 $= 1 \div 20 + 5\% = 10\%$

4. 解：（1）税后债务资本成本 $= 10\% \times (1-25\%) = 7.5\%$

（2）优先股的资本成本 $= 120 \div 1\,000 = 12\%$

（3）普通股的资本成本 $= 500 \div 5\,000 + 4\% = 14\%$

（4）加权平均资本成本 $= 7.5\% \times (2\,000 \div 8\,000) + 12\% \times (1\,000 \div 8\,000) + 14\% \times (5\,000 \div 8\,000) = 12.13\%$

5. 解：（1）方案一与方案三，即长期债券融资和普通股筹资的每股收益无差别

点 $EPS_1 = EPS_3$。

$$\frac{(EBIT - 50) \times (1 - 25\%) - 0}{100} = \frac{(EBIT - 0) \times (1 - 25\%)}{150}$$

解方程得方案一与方案三的每股收益无差别点所对应的 EBIT = 150（万元）

（2）方案二与方案三，即优先股筹资和普通股筹资方式的每股收益无差别点 $EPS_2 = EPS_3$。

$$\frac{(EBIT - 0) \times (1 - 25\%) - 500 \times 12\%}{100} = \frac{(EBIT - 0) \times (1 - 25\%) - 0}{150}$$

解方程得方案二与方案三的每股收益无差别点所对应的 EBIT = 240（万元）

（3）因为税前优先股利 80 万元高于利息，所以利用每股收益无差别点法决策，首先应排除优先股；又因为 210 万元高于无差别点 150 万元，所以若不考虑财务风险应采用长期债券融资，其每股收益高。

6. （1）长期借款的资本成本率 = 4.8% × （1−25%）= 3.6%

（2）发行债券的资本成本率 = 5 600 × 6% × （1−25%）÷ 6 000 = 4.2%

（3）普通股的资本成本率 = 4% + 1.5 × （10%−4%）= 13%

（4）平均资本成本率 = 3.6% × 3 000 ÷ 20 000 + 4.2% × 6 000 ÷ 20 000 + 13% × 11 000 ÷ 20 000 = 8.95%

### 七、案例分析题

答：（1）一般来讲，普通股股票筹资具有下列优点：

①股票筹资没有固定的股利负担。公司有盈利，并认为适于分配股利，可以分给股东；公司盈利较少，或者虽有盈利但资本短缺或有更有利的投资机会，也可以少支付或不支付股利。债券或借款的利息无论企业是否盈利及盈利多少，都必须予以支付。

②普通股股本没有规定的到期日，无需偿还，是公司的"永久性资本"，除非公司清算时才予以清偿。这对于保证公司对资本的最低要求、促进公司长期持续稳定经营具有重要作用。

③利用普通股股票筹资的风险小。由于普通股股本没有固定的到期日，一般也不用支付固定的股利，不存在还本付息的风险。

④发型普通股股票筹集股权能增强公司的信誉。普通股股本以及由此产生的资本公积金和盈余公积金等，是公司筹措债务资本的基础。有了较多的股权资本，有利于提高公司的信用价值，同时也为公司利用更多的债务投资提供了强有力的支持。

普通股股票筹资存在以下缺点：

①资本成本较高。一般而言，普通股股票筹资的成本要高于债务资本。这主要是由于投资于普通股股票风险较高，相应也要求较高的报酬，并且股利应从税后利润中支付，而债务筹资的债权人的风险较低，支付利息允许在税前扣除。此外，普通股股票发行成本也较高，一般来说发行证券费用最高的是普通股股票，其次是优先股股票，再次是公司债务，最后是长期借款。

②利用普通股股票筹资，出售新股，增加新股东，可能会分散公司的控制权。新股东对公司已积累的盈余具有分享权，会降低普通股股票的每股收益，从而可能

引起普通股股票市价的下跌。

③如果企业以后增发普通股，可能引起股票价格的波动。

（2）对该咨询建议的评价如下：

①投资银行对公司的咨询建议具备现实性和可操作性。投资银行分析了关于公司机票打折策略和现役服役机龄老化等现实问题，认为公司原先提出的高价位发行股票的做法不切实际，也不易成功。因此，投资银行对发行股票拟定较低价位是比较合适的，具备可操作性和现实性，也容易取得成功。

②投资银行的咨询建议的实际效果比较有限。通过资料中关于增发股票前后的数据对比，我们很明显地可以看出：本方案的融资效果很有限。增发前，公司的负债率高达74.4%，在增发股票后仅降低2.9%，依然处于70%以上。公司在增发股票过程中仅获取了2.43亿元的资金，这对于将于2020年到期的15亿元的债务依然是杯水车薪。因此，本方案实施后取得的效果可能极其有限，并不能从根本上改善公司的财务困境。

③投资银行的咨询建议提出的筹资方式过于单一。企业的筹资方式从大的方向来讲，可分为股权性筹资和债务性筹资，如果进一步细化，将会有更多的筹资方式和方法。投资银行的咨询建议中仅仅考虑了普通股票这一种最常见的方式，而没有多方面地考虑其他筹资方式，这样很难取得最优的筹资效果。

（3）针对公司目前负债率高、现金流紧张的财务现状，公司主要应采取股权性筹资方式。除了发行普通股股票以外，公司还应该多元化地运用各种具体筹资方法。例如，公司可以通过发行优先股的方式筹集资金。优先股一般没有固定的到期日，不用偿付本金。优先股的股利既有固定性，又有一定的灵活性。一般而言，优先股都采用固定股利，但对固定股利的支付并不构成公司的法定义务。如果公司财务状况不佳，可以暂时不支付优先股股利。即便如此，优先股持有者也不能像公司债权人那样迫使公司破产。同时，发行优先股保持了普通股股东对公司的控制权。当公司既想向社会增加筹集股权资本，又想保持原有普通股股东的控制权时，利用优先股筹资尤为恰当。从法律上讲，有限股股本属于股权资本，发行优先股筹资能够夯实公司的股权资本基础，提高公司的借款举债能力。

此外，公司也可以通过发行认股权证的方式筹集资金。认股权证不论是单独发行还是附带发行，大多都为发行公司筹措一笔额外现金，从而增强公司的资本实力和运营能力。此外，单独发行的认股权证有利于将来发售股票。附带发行的认股权证可以促进其所依附证券发行的效率。

# 第四章
# 投资管理会计

-------------------------------------------------

## 学习目标

通过对本章的学习，学生应理解投资的概念，掌握投资的分类，并了解投资管理程序；了解现金流量的构成，掌握现金流量的计算方法；对比非贴现投资分析方法和贴现投资分析方法，区分其优缺点；理解项目投资管理的含义，了解项目投资及项目投资管理的程序；掌握独立项目、互斥项目以及复杂项目的投资决策；理解证券投资的概念，能对债券投资及股票投资做出决策分析。

43

## 学习指导

1. 学习重点
（1）掌握非贴现与贴现的投资分析方法；
（2）理解各种投资分析方法的优缺点对比分析。
2. 学习难点
（1）贴现的投资分析方法中的净现值法、现值指数法、年现金流量法等几种方法的计算；
（2）对独立项目、互斥项目以及复杂项目进行投资决策分析。

## 练习题

### 一、名词解释

1. 投资

2. 项目投资

3. 现金流量

4. 证券投资

5. 净现值

二、判断题

1. 投资回收期是回收初始投资所需的时间。收回投资所需要的年限越长，方案越有利。　　　　　　　　　　　　　　　　　　　　　　　（　　）

2. 长期投资决策中使用的现金流量就是财务会计的现金流量表中的现金流量。
　　　　　　　　　　　　　　　　　　　　　　　　　　　　　（　　）

3. 企业进行长期投资时支付给债权人的利息和支付给所有者的利润都应作为该项目的现金流出。　　　　　　　　　　　　　　　　　　　　（　　）

4. 利用净现值、净现值率、获利指数和内部收益率指标对同一个独立项目进行评价，会得出完全相同的结论。　　　　　　　　　　　　　　（　　）

5. 多方案决策时投资回收期最短的方案为可行方案。　　　　　（　　）

6. 互斥投资项目之间相互排斥，不能并存。因此，投资决策的实质在于选择最优方案，属于选择决策。　　　　　　　　　　　　　　　　（　　）

7. 固定资产的更新决策所采用的决策方法是净现值法和年金净流量法，一般不采用内含报酬率法。　　　　　　　　　　　　　　　　　（　　）

8. 企业应用项目管理工具方法一般按照可行性研究、项目立项、项目计划、项目实施、项目后评价和项目验收等程序进行。　　　　　　（　　）

9. 内含报酬率又称内部收益率，概括来说，是指能够使未来现金流入量等于现金流出量现值的贴现率。　　　　　　　　　　　　　　　（　　）

10. 如果某期累计的净现金流量等于零，则该期所对应的期间值就是包括建设期的静态投资回收期。　　　　　　　　　　　　　　　　　（　　）

11. 流动资金投资与流动资产投资是同一种投资的两种表达方式。　（　　）

12. 动态指标又称为非折现评价指标，包括净现值、净现值率、总投资收益率等。
（　　）

13. 投资回收期是收回初始投资所需的时间，一般以月为单位。（　　）

14. 现值指数是指未来现金流入现值与现金流出现值之比。（　　）

15. 按投资回收期限的长短，投资可以分为短期投资和长期投资。短期投资是指回收期在 1 年以内的投资，主要包括现金、应收款项、存货、短期有价证券等投资；长期投资是指回收期在 1 年以上的投资，主要包括固定资产、无形资产、对外长期投资等。
（　　）

### 三、单项选择题

1. 在以下各种投资中，不属于项目投资类型的是（　　）。
   A. 固定资产投资　　　　　　　　B. 更新改造投资
   C. 证券投资　　　　　　　　　　D. 完整企业项目投资

2. 项目投资的特点有（　　）。
   A. 投资金额小　　　　　　　　　B. 投资时间较长
   C. 投资风险小　　　　　　　　　D. 变现能力强

3. 现金流量又称现金流动量。在项目投资决策中，现金流量是指投资项目在其计算期内各项（　　）的统称。
   A. 现金流入量　　　　　　　　　B. 现金流出量
   C. 现金流入量与现金流出量　　　D. 净现金流量

4. 已知某投资项目某年的营业收入为 1 000 万元，该年的经营总成本为 600 万元，该年的折旧为 100 万元。在不考虑所得税的情况下，该年的营业净现金流量为（　　）万元。
   A. 400　　　　　　　　　　　　B. 500
   C. 600　　　　　　　　　　　　D. 700

5. 已知某投资项目一次原始投资 2 800 万元，没有建设期，营业期前 4 年每年的现金净流量为 800 万元，营业期第 5 年和第 6 年的现金净流量分别为 850 万元和 870 万元。该项目的静态投资回收期为（　　）年。
   A. 3.5　　　　　　　　　　　　B. 5.3
   C. 5　　　　　　　　　　　　　D. 3

6. 甲公司可以投资的资本总量为 10 000 万元，资本成本为 10%，现有三个独立的投资项目：A 项目的投资额是 10 000 万元，B 项目的投资额是 6 000 万元，C 项目的投资额是 4 000 万元。A 项目的净现值是 2 000 万元，现值指数是 1.25；B 项目的净现值是 1 200 万元，现值指数是 1.3；C 项目的净现值是 1 100 万元，现值指数是 1.2。甲公司应当选择（　　）。
   A. A 项目　　　　　　　　　　　B. B 项目
   C. B 项目、C 项目　　　　　　　D. A 项目、B 项目、C 项目

7. 甲公司打算购买 A 公司刚发行的 5 年期公司债券，每张面值为 1 000 元，票面利率为 8%。假定该债券每年付息一次，到期按面值偿还，投资者要求的必要报

酬率为10%。根据上述资料计算当每张债券价格最高为（　　　）元时，甲公司才可以考虑购买。

    A. 1 200
               B. 1 080.69

    C. 924.16
             D. 856.32

8. 甲公司准备购入 A 股票，预计 5 年后出售可得 2 200 元。该股票 5 年中每年可获现金股利收入 100 元，预期报酬率为 10%。A 股票的价值为（　　　）元。

    A. 2 156.58
             B. 2 300.56

    C. 2 000.12
             D. 1 745.06

9. 下列选项中，不属于投资项目现金流出量内容的是（　　　）。

    A. 固定资产投资
          B. 折旧

    C. 增加的营运资本
        D. 新增付现成本

10. 从企业经营角度考虑，下列计算公式中，不正确的是（　　　）。

    A. 营业现金流量＝税前经营利润×（1−所得税税率）＋折旧与摊销

    B. 营业现金流量＝税后收入−税后付现经营成本＋折旧与摊销×所得税税率

    C. 营业现金流量＝（收入−付现经营成本−折旧与摊销）×（1−所得税税率）＋折旧与摊销

    D. 营业现金流量＝税后收入−税后付现经营成本＋折旧与摊销

11. 存在所得税的情况下，以"利润＋折旧"估计经营期净现金流量时，"利润"指的是（　　　）。

    A. 利润总额
          B. 净利润

    C. 营业利润
         D. 息税前利润

12. 假定某项目的原始投资在建设期初全部投入，其预计的净现值率为15%，则该项目的获利指数为（　　　）。

    A. 6.67
          B. 1.15

    C. 1.5
          D. 1.125

13. 长期投资以（　　　）作为项目投资的重要价值信息。

    A. 税后利润
          B. 营业利润

    C. 资金成本
         D. 现金流量

14. 在长期投资决策时，越小越好的指标是（　　　）。

    A. 静态投资回收期
        B. 获利指数

    C. 净现值率
         D. 内部收益率

15. 净现值率是指项目的净现值占（　　　）的百分比。

    A. 原始总投资
        B. 投资总额

    C. 原始总投资现值
      D. 投资总额现值

**四、多项选择题**

1. 下列长期投资决策评价指标中，其数值越小越好的指标有（　　　）。

    A. 动态回收期
        B. 静态回收期

    C. 现值指数
        D. 会计报酬率

2. 下列关于投资项目评估方法的表述中，正确的有（　　　）。
　A. 净现值是指项目未来现金流入的现值与现金流出的现值的比率
　B. 当内含报酬率高于投资人要求的必要收益率或企业的资本成本时，该方案可行
　C. 若现值指数大于零，方案一定可行
　D. 用现值指数法评价时，折现率的高低有时会影响方案的优先次序

3. 下列选项中，属于贴现率指标的是（　　　）。
　A. 净现值法　　　　　　　　　　B. 内含报酬法
　C. 现值指数法　　　　　　　　　D. 投资回收期

4. Λ公司去年支付每股0.25元的现金股利，固定增长率为2%，现行国库券报酬率为4%，市场平均风险条件下股票的报酬率为6%，股票β系数等于1.2，则（　　　）
　A. 股票价值为5.80元　　　　　　B. 股票价值为4.78元
　C. 股票必要报酬率为5.3%　　　　D. 股票必要报酬率为6.4%

5. 下列关于投资项目评价方法的表述中，正确的有（　　　）
　A. 现值指数法克服了净现值法不能直接比较投资额不同项目的局限性，它在数值上等于项目的净现值除以初始投资额
　B. 动态回收期法克服了静态回收期法不考虑货币时间价值的缺点，但是仍然不能衡量项目的盈利性
　C. 内含报酬率是项目本身的投资报酬率，不随投资项目预期现金流的变化而变化
　D. 内含报酬率法不能直接用于两个投资规模不同的互斥项目的决策

6. 考虑时间价值的评价指标有（　　　）。
　A. 投资利润率　　　　　　　　　B. 净现值
　C. 获利指数　　　　　　　　　　D. 内部收益率

7. 下列选项中，属于现金流入量的有（　　　）。
　A. 折旧额　　　　　　　　　　　B. 递延资产摊销额
　C. 回收的流动资金　　　　　　　D. 固定资产残值收入

8. 下列选项中，属于投资项目现金流出量的有（　　　）。
　A. 固定资产投资　　　　　　　　B. 折旧与摊销
　C. 无形资产投资　　　　　　　　D. 新增经营成本

9. 净现值法的决策标准是（　　　）。
　A. 投资方案的净现值大于零，则该方案可行
　B. 投资方案的净现值小于零，则该方案不可行
　C. 存在多个方案时，净现值最大的方案为最优方案
　D. 存在多个方案时，净现值最小的方案为最优方案

10. 项目的原始总投资包括（　　　）。
　A. 经营成本　　　　　　　　　　B. 流动资金投资
　C. 各项税款　　　　　　　　　　D. 建设投资

**五、简答题**

1. 简述投资的分类。

2. 证券投资需要具备哪三个基本要素?

3. 简述项目投资的程序。

4. 简述项目投资管理的特点。

5. 简述年现金流量法的优缺点。

6. 简述贴现回收期法的优缺点。

7. 简述贴现现金流量法的优缺点。

**六、计算题**

1. 某公司准备进入商品零售行业，为此固定资产原始投资额为 4 000 万元，当年投资当年完工投产。该项投资预计有 5 年的使用年限。该项目投产后预计销售单价为 50 元，单位变动成本为 20 元，每年经营性固定付现成本为 200 万元，年销售量为 40 万件。该项目预计使用期满残值为 15 万元，税法规定的使用年限也为 5 年，税法规定的残值为 10 万元，会计和税法均使用直线法计提折旧。该公司资本成本为 12%，企业所得税税率为 25%。

要求：用净现值法进行决策。

2. 某公司是一个高速发展的公司，预计未来 3 年股利年增长率为 10%，之后固定股利年增长率为 5%。该公司刚发放了上一年的普通股股利，每股 2 元。假设投资者要求的收益率为 15%，计算该普通股的价值。

3. 有一种面值为 1 000 元的债券，票面利率为 8%，每年支付一次利息，2020 年 5 月 1 日发行，2025 年 5 月 1 日到期。该债券每年计息一次，投资的必要报酬率为 10%，债券的市价为 1 080 元。该债券是否值得投资？

4. 甲投资者拟投资购买华太公司的股票。华太公司上一年支付的股利是每股 1 元。根据有关信息，投资者估计华太公司股利增长率可达 10%。华太公司股票的 β 系数为 2，证券市场股票的平均收益率为 15%，现行国库券利率为 8%。

要求：（1）计算该股票的预期收益率。

（2）计算该股票的内在价值。

5. 某公司拟建造一项生产设备。预计建设期为 1 年，所需原始投资为 200 万元，并于建设起点一次投入。该设备预计使用寿命为 5 年，使用期满报废清理时无残值。该设备折旧方法采用直线法。该设备投产后每年增加净利润为 60 万元。假定该公司适用的行业基准折现率为 10%。

要求：（1）计算项目计算期内各年净现金流量。

（2）计算项目净现值，并评价其财务可行性。

## 七、案例分析题

某公司计划投资某一项目，原始投资额为 200 万元，该公司拟采用发行债券和优先股的方式筹集资金。债券采取平价发行，面值为 160 万元，年利率为 5%，每年付息，期限为 5 年。剩余资金通过发行普通股筹集，每股发行价为 1 元。该公司实行固定股利政策，每股股利为面值的 8%，所得税税率为 40%。投资全部在建设起点一次投入，建设期为 1 年，资本化利息为 8 万元。该项目生产开始时垫支流动资金 10 万元，终结点收回。该项目投产后第 1~4 年每年销售收入增加 76.76 万元，以后每年增加 90 万元；每年付现经营成本增加 22 万元；第 1~4 年每年需支付 8 万元的利息。该固定资产预计使用 10 年，采用直线法计提折旧，预计净残值为 8 万元（假设无筹资费用）。

要求：（1）计算债券成本、普通股成本和项目综合成本。

（2）计算项目各年现金净流量。

（3）计算项目的净现值。

（4）评价项目的可行性。

（资料来源：https://wenku.baidu.com/view/1d8cb22eec630b1c59eef8c75fbfc77da2 69973a.html.原文有修改）

# 练习题参考答案

## 一、名词解释

1. 投资是指特定经济主体将货币或实物资产投放于某一具体对象，以在未来较长时间内获取经济利益的行为。

2. 项目投资是指以一种特定项目为对象，直接与新建项目或更新改造项目有关的长期投资行为。从性质上看，项目投资是指企业作为投资主体，围绕着其生产经营中所需要的固定资产等数量的增加与质量的改善而进行的投资。

3. 现金流量是指在投资决策中，一个项目引起的企业现金支出和现金收入增加的数量。这里的"现金"是广义的现金，不仅包括各种货币资金，而且包括项目需要投入的企业拥有的一切资源的变现价值（或称重置成本）。现金流量具体可分为现金流出量、现金流入量和现金净流量。

4. 证券投资是指投资者（包括个人和法人）购买股票、债券、基金等有价证券以及这些有价证券的衍生品，以获取红利、利息以及资本利得的投资行为和投资过程，是直接投资的重要形式。更准确地说，证券投资是投资者充分考虑了各种金融工具的风险与收益之后，运用资金进行的一种以盈利或避险为目的的金融活动。

5. 净现值是指特定方案未来现金流入量的现值与未来现金流出量的现值之间的差额。也可以具体表示为：净现值是指投资方案实施后，未来能获得的各种报酬按资金成本或必要报酬率折算的总现值与历次投资额按资金成本或必要报酬率折算的总现值的差额。

## 二、判断题

| | | | | |
|---|---|---|---|---|
| 1. × | 2. × | 3. × | 4. √ | 5. × |
| 6. √ | 7. √ | 8. × | 9. √ | 10. √ |
| 11. × | 12. × | 13. × | 14. √ | 15. √ |

## 三、单项选择题

| | | | | |
|---|---|---|---|---|
| 1. C | 2. B | 3. C | 4. B | 5. A |
| 6. C | 7. C | 8. D | 9. B | 10. D |
| 11. B | 12. B | 13. D | 14. A | 15. C |

## 四、多项选择题

| | | | | |
|---|---|---|---|---|
| 1. AB | 2. BD | 3. ABC | 4. AD | 5. BC |
| 6. BCD | 7. CD | 8. ACD | 9. ABC | 10. BD |

## 五、简答题

1. 简述投资的分类。

答：（1）按投资回收期限的长短划分，投资可分为短期投资和长期投资。短期投资是指回收期在一年以内的投资，主要包括现金、应收款项、存货、短期有价证券等投资；长期投资是指回收期在一年以上的投资，主要包括固定资产、无形资产、对外长期投资等。

（2）按投资的方向划分，投资可分为对内投资与对外投资。对内投资是指把资金投向企业内部，形成各项流动资产、固定资产、无形资产和其他资产的投资；对外投资是指把资金投向企业外部，如兴建子公司、分公司或购买股票进行的权益性投资和购买其他企业的债券等债权性投资。

（3）按投资的方式划分，投资可分为直接投资和间接投资。直接投资是指把资金投放于生产经营（或服务）以获取收益的投资；间接投资是指把资金投放于证券等金融资产，以获取投资收益和资本利息的投资。

2. 证券投资需要具备哪三个基本要素？

答：（1）时间。这里所说的时间是指投资者进行投资的期限。投资者进行投资的期限分为长期、中期和短期。

（2）收益。收益是投资者进行证券投资的最终目的。

（3）风险。风险是相对于收益而言的一个概念。投资者进行证券投资过程中，获得收益具有不稳定性，甚至可能招致损失，而这种不稳定性就是风险。一般而言，预期收益越高，风险也就越大。

3. 简述项目投资的程序。

答：（1）可行性研究。可行性研究是指通过对项目在技术上是否可行、经济上是否合理、社会和环境影响是否积极等进行科学分析和论证，以最终确定项目投资建设是否进入启动程序的过程。

（2）项目立项。项目立项是对项目可行性研究进行批复，并确认列入项目实施计划的过程。

（3）项目计划。项目计划是指项目立项后，在符合项目可行性报告批复相关要求的基础上，明确项目的实施内容、实施规模、实施标准、实施技术等计划实施方案，并据此编制项目执行预算的书面文件。

（4）项目实施。项目实施是指按照项目计划，在一定的预算范围内，保质保量按时完成项目任务的过程。

（5）项目验收。项目验收是指项目完成后，进行的综合评价、移交使用、形成资产的整个过程。

4. 简述项目投资管理的特点。

答：（1）投资金额大。项目投资，特别是战略性的扩大生产能力投资一般都需要较多的资金，其投资额往往涉及投资人多年的资金积累，在企业总资产中占有相当大的比重。

（2）影响时间长。项目投资的投资契机发挥作用的时间较长，项目建成后投入运营对企业未来的现金流量和长期生产经营活动将产生重大影响。

（3）投资风险大。项目投资一旦形成，就会在一个较长的时间内固化为一定的物质形态，具有投资刚性，即无法在的短期内做出更改，并且面临较大的市场不确定和其他风险，决策失误将造成不可挽回的损失。

（4）不可逆性强。项目投资一般不准备在 1 年或 1 个营业周期内变现，即使在短期内变现，其变现能力也较差。因为项目投资一旦完成，要想改变是相对困难的，不是无法实现，就是代价太大。

5. 简述年现金流量法的优缺点。

答：（1）优点是适用于期限不同的投资方案决策（与净现值的区别）。

（2）缺点是所采用的贴现率不易确定，不便于对原始投资额不相等的投资方案进行决策（与净现值一样）。

6. 简述贴现回收期法的优缺点。

答：（1）优点是回收期法计算简便，并且容易为决策人所理解，回收期越短，风险越小。

（2）缺点是动态回收期考虑了货币时间价值，没有考虑回收期以后的现金流量，不能计算出较为准确的投资经济效益（只能反映流动性，不能反映盈利性）。

7. 简述贴现现金流量法的优缺点。

答：（1）优点是结合历史情况进行预测，并将未来经营战略融入模型，有助于更全面地反映企业价值。

（2）缺点是测算过程相对较为复杂，对数据采集和假设的验证要求复杂，资本成本、增长率、未来现金流量的性质等变量很难得到准确的预测、计算，往往会使得实务中的评估精度大大降低。

## 六、计算题

1. 解：（1）年折旧额 $= (4\,000-10) \div 5 = 798$（万元）

（2）前 4 年每年的营业现金净流量计算如下：

营业现金净流量 $=$ 税后收入 $-$ 税后付现成本 $+$ 折旧抵税

$\qquad = 40 \times (50-20) \times (1-25\%) - 200 \times (1-25\%) + 798 \times 25\%$

$\qquad = 949.5$（万元）

第 5 年的营业现金净流量计算如下：

营业现金净流量 $=949.5+15-(15-10)\times25\%=963.25$ （万元）

（3）该公司的净现值 $=949.5\times(P/A,12\%,4)+963.25\times(P/F,12\%,5)-4\,000$

$=949.5\times3.037\,3+963.25\times0.567\,4-4\,000$

$=-569.54$ （万元）

净现值小于 0，因此该项目不可行。

2. 解：前 3 年的股利现值 $=2.2\times(P/F,15\%,1)+2.42\times(P/F,15\%,2)+2.662\times(P/F,15\%,3)=2.2\times0.869\,6+2.42\times0.756\,1+2.662\times0.657\,5=5.493$ （元）

第 3 年年末股利的现值 $=2.662\times(1+5\%)\div(15\%-5\%)=27.951$ （元）

普通股的价值 $=5.493+27.951\times(P/F,15\%,3)=23.562$ （元）

3. 解：债券的价值 $=80\times(P/A,10\%,5)+1\,000\times(P/F,10\%,5)$

$=80\times3.791+1\,000\times0.621=924.28$ （元）

因为债券的价值小于发行的市价，所以该债券不值得投资。

4. 解：（1）预期收益率 $=8\%+2\times(15\%-8\%)=22\%$

（2）股票内在价值 $=1.1\div(22\%-10\%)=9.17$ （元）

5. 解：（1）折旧额 $=(200-0)\div5=40$ （万元）

$NCF_0=-200$ （万元）

$NCF_1=0$

$NCF_{2\sim6}=60+40=100$ （万元）

（2）净现值 $=-200+100\times[(P/A,10\%,6)-(P/A,10\%,1)]=144.62$ （万元）

净现值大于 0，方案可行。

## 七、案例分析题

答：（1）债券成本 $=5\%\times(1-40\%)=3\%$

普通股成本 $=8\%$

项目综合成本 $=3\%\times(160\div200)+8\%\times(40\div200)=4\%$

（2）年折旧额 $=(200+8-8)\div10=20$ （万元）

投产后第 1～4 年的年净利润 $=[76.76-(22+20+8)]\times(1-40\%)=16$ （万元）

投产后第 5～10 年的年净利润 $=[90-(22+20)]\times(1-40\%)=28.8$ （万元）

$NCF_0=-200$ （万元）

$NCF_1=-10$ （万元）

$NCF_{2\sim5}=16+20+8=44$ （万元）

$NCF_{6\sim10}=28.8+20=48.8$ （万元）

$NCF_{11}=28.8+20+10+8=66.8$ （万元）

（3）净现值 $=-200-10\times(P/F,4\%,1)+44\times(P/A,4\%,4)\times(P/F,4\%,1)+48.8\times(P/A,4\%,5)\times(P/F,4\%,5)+66.8(P/F,4\%,11)=166.04$ （万元）

（4）因为净现值大于 0，所以项目可行。

# 第五章
# 预算管理会计

------------------------------------

## 学习目标

通过对本章的学习，学生应了解和掌握预算管理的基本概念、基本原理、基本体系、常用的编制方法、分析和考评，并且能够针对不同的企业环境和管理需要进行预算管理体系的设计和有效的管理。

## 学习指导

1. 学习重点

（1）了解预算管理的含义、作用、原则，理解预算管理与企业管理之间的内在联系；

（2）掌握预算管理的基本内容，理解预算管理的编制程序；

（3）掌握固定预算法和弹性预算法、增量预算法和零基预算法、定期预算法和滚动预算法、概率预算法和作业预算法的概念、编制原理，理解其优缺点；

（4）了解预算考评的含义、意义和原则。

2. 学习难点

（1）经营预算、专门决策预算和财务预算的基本内容以及它们之间的关系，并在此基础上进行预算管理的编制；

（2）企业环境和管理要求对企业预算管理的影响，并充分发挥预算管理在企业内部管理中的作用。

## 练习题

### 一、名词解释

1. 预算管理

2. 经营预算

3. 固定预算法

4. 增量预算法

5. 预算考评

二、判断题

1. 企业编制预算的根本目的是节约成本、少花钱。　　　　　（　　）
2. 预算编制一旦完成，在企业内部必须严格执行，无论遇到何种情况，都不调整。　　　　　（　　）
3. 企业预算管理体系的终结是预计财务报表。　　　　　（　　）
4. 现金预算是销售预算、生产预算等其他预算的编制基础。　　　　　（　　）
5. 管理预算、销售预算、财务预算属于经营预算的范畴。　　　　　（　　）
6. 预算的目标应适当高些，这样可以调动员工的积极性。　　　　　（　　）
7. 生产预算是以实物量作为计量单位的预算。　　　　　（　　）
8. 滚动预算能够使预算期间与会计年度相匹配。　　　　　（　　）
9. 当现金余缺大于期末现金余额时，企业应将超额部分进行投资；当现金余缺小于期末现金余额时，企业应筹集现金，并且筹集的现金越多越好。　　　　　（　　）
10. 运用零基预算法编制预算，需要对可延缓费用逐项进行成本效益分析。　　　　　（　　）
11. 企业预算管理必须与企业战略保持一致。　　　　　（　　）
12. 零基预算法的编制基础与其他预算方法一致。　　　　　（　　）
13. 概率预算法反映了各预算指标在企业实际经营过程中可能发生的变化。　　　　　（　　）
14. 预算编制、预算执行和预算考评是预算管理的三个基本环节。　　　　　（　　）
15. 预算奖惩方案是预算管理机制和预算机制的具体体现，是预算考评体系的有机组成部分。　　　　　（　　）

### 三、单项选择题

1. 以下关于预算管理的理解，正确的是（　　）。
    A. 变化太多，预算没有实际意义
    B. 预算就是对生产过程的资金需求进行预测
    C. 预算是财务部门的事情，与其他部门没有关系
    D. 预算是企业战略量化的过程，绝不仅仅是某个部门的事情

2. （　　）是预算管理编制的起点。
    A. 销售预算
    B. 生产预算
    C. 财务预算
    D. 业务预算

3. 根据企业的日常业务编制的预算是（　　）。
    A. 经营预算
    B. 专门决策预算
    C. 财务预算
    D. 投资预算

4. 生产预算的主要内容包括期初存货量、期末存货量、生产量和（　　）。
    A. 资金需求量
    B. 销货量
    C. 生产工时量
    D. 生产耗用量

5. 下列选项中，不会对预计资产负债表中存货金额产生影响的是（　　）。
    A. 直接材料预算
    B. 直接人工预算
    C. 销售费用预算
    D. 产品成本预算

6. 下列选项中，不涉及现金收支内容的是（　　）。
    A. 销售预算
    B. 生产预算
    C. 制造费用预算
    D. 直接材料预算

7. 下列预算编制方法中，可能导致无效费用开支项目无法得到有效控制的是（　　）。
    A. 增量预算
    B. 弹性预算
    C. 滚动预算
    D. 零基预算

8. 不受现有费用项目和开支水平的影响，能够有效克服增量预算方法缺点的预算方法是（　　）。
    A. 弹性预算法
    B. 固定预算法
    C. 零基预算法
    D. 滚动预算法

9. 下列选项中，不属于业务预算内容的是（　　）。
    A. 生产预算
    B. 制造费用预算
    C. 现金预算
    D. 销售预算

10. 某公司预计 2021 年第三季度和第四季度产品销售量分别为 220 件、350 件，单价分别为 2 元、3 元，各季度销售收现率为 60%，其余在下季度收回。该公司第四季度现金收入为（　　）元。
    A. 437.5
    B. 440
    C. 875
    D. 806

## 四、多项选择题

1. 通常，完整的预算管理体系包括（　　）三部分。
   A. 经营预算
   B. 专门决策预算
   C. 财务预算
   D. 战略规划

2. 财务预算包括（　　）等预算。
   A. 现金预算表
   B. 预计利润表
   C. 预计资产负债表
   D. 固定资产投资预算表

3. 常用的预算编制方法包括（　　）。
   A. 零基预算法
   B. 弹性预算法
   C. 固定预算法
   D. 全面预算法

4. 预算管理的作用体现在（　　）方面。
   A. 明确工作目标
   B. 协调各部门关系
   C. 控制日常活动
   D. 防范风险
   E. 形成业绩考核标准

5. 现金预算的主要内容包括（　　）。
   A. 现金收入
   B. 现金支出
   C. 现金余缺
   D. 资金的筹集及运用

6. 下列选项中，属于产品成本预算编制基础的有（　　）。
   A. 销售预算
   B. 生产预算
   C. 直接材料采购预算
   D. 直接人工预算
   E. 制造费用预算

7. 滚动预算法按照时间单位不同，分为（　　）。
   A. 逐月滚动
   B. 逐季滚动
   C. 逐年滚动
   D. 混合滚动

8. 下列选项中，纳入企业现金预算范围的有（　　）。
   A. 经营性现金支出
   B. 经营性现金收入
   C. 利息的支付
   D. 股利的支付

9. 预算管理需要遵循的一般原则包括（　　）。
   A. 战略导向原则
   B. 融合性原则
   C. 权变性原则
   D. 平衡管理原则
   E. 过程控制原则

10. 预算考评的意义体现在（　　）等方面。
    A. 是全面预算管理顺利实施的保障
    B. 是增强预算"刚性"的有效措施
    C. 是确保预算目标实现的保证
    D. 是建立预算激励与约束机制的重要内容

**五、简答题**

1. 简述预算管理在管理工作中的作用。

2. 简述零基预算法的主要优缺点。

3. 简述固定预算法的主要优缺点。

4. 简述弹性预算法的主要优缺点及编制的主要步骤。

5. 为什么说销售预算是预算编制的关键？

**六、计算题**

1. 某公司采用逐季滚动预算和零基预算相结合的方法编制制造费用预算，相关资料如下：

资料1：2020年分季度的制造费用预算如表5-1所示。

表 5-1 2020 年分季度的制造费用预算

| 项目 | 第一季度 | 第二季度 | 第三季度 | 第四季度 | 合计 |
|---|---|---|---|---|---|
| 直接人工预算总工时/小时 | 11 400 | 12 060 | 12 360 | 12 600 | 48 420 |
| 变动制造费用/元 | 91 200 | — | — | — | 387 360 |
| 其中：间接人工费用/元 | 50 160 | 53 064 | 54 384 | 55 440 | 213 048 |
| 固定制造费用/元 | 56 000 | 56 000 | 56 000 | 56 000 | 224 000 |
| 其中：设备租金/元 | 48 500 | 48 500 | 48 500 | 48 500 | 194 000 |

资料 2：2020 年第二季度至 2021 年第一季度滚动预算期间将发生变动。

（1）间接人工费用预算工时分配率将提高 20%。

（2）直接人工预算总工时为 50 000 小时。

（3）2020 年第一季度末重新签订设备租赁合同，新租赁合同中设备年租金将降低 15%。

要求：根据资料 1 和资料 2，计算 2020 年第二季度至 2021 年第一季度滚动期间的下列指标：

（1）间接人工费用预算工时分配率。

（2）间接人工费用总预算额。

（3）设备租金总预算额。

2. 某公司期初存货为 250 件，本期预计销售 900 件。

要求：（1）如果预计期末存货为 300 件，计算本期应生产多少件？

（2）如果预计期末存货为 260 件，计算本期应生产多少件？

3. 某公司编制现金收支预算。其相关资料如下：2020 年 6 月初现金余额为 8 000元；月初应收账款为 4 000 元，预计月内可收回 80%；本月销货收入为50 000元，预计月内收款比例为 50%；本月采购材料为 8 000 元，预计月内付款 70%；月初应付账款余额 5 000 元需在月内全部付清；月内以现金支付工资 8 400 元；本月制造费用等间接费用付现 16 000 元；其他经营性现金支出为 900 元；购买设备支付现金 10 000 元。企业现金不足时，可向银行借款，借款金额为 1 000 元的倍数；现金多余时可购买有价证券。月末现金余额不低于 5 000 元。

要求：（1）计算经营现金收入。

（2）计算经营现金支出。

（3）计算现金余缺。

（4）确定最佳资金筹措或运用数额。

（5）确定现金月末余额。

4. 某公司 2020 年 1 月、2 月销售额均为 100 000 元，自 3 月起月销售额增长至 200 000 元。该公司当月收款 20%，次月收款 70%，剩余 10% 于第三个月收回。该公司在销售前一个月购买材料，并且在购买后的下一个月支付货款，原材料成本占购买当月销售额的 70%。若该公司 3 月底的现金余额为 50 000 元，且每月现金余额不得低于 50 000 元。如果现金余额低于 50 000 元，可向银行借款，借款金额必须为 1 000 元的倍数，借款本息于年底偿还。

要求：根据以上资料填写现金预算表中（1）-（5）的空格（见表5-2）。

表 5-2　现金预算表　　　　　　　　　　　单位：元

| 项目 | 4 月份 |
| --- | --- |
| 期初现金余额 | 50 000 |
| 加：现金收入 | （1） |
| 减：现金支出 | |
| 　购买原材料 | （2） |
| 　工资 | 15 000 |
| 　租金 | 5 000 |
| 　其他费用 | 3 000 |
| 　税金 | 80 000 |
| 现金支出合计 | （3） |
| 现金多余或不足 | （4） |
| 向银行借款 | （5） |
| 期末现金余额 | 50 000 |

## 七、案例分析题

### 上海电气："4+8"预算管控与绩效衔接

上海电气（集团）总公司（简称"上海电气"）是中国机械工业销售排名前列的装备制造集团。上海电气财务总监在接受《中国会计报》记者采访时表示，上海电气早在20世纪90年代就推行了全面预算管理，经过几十年的发展，已经建立了较为完善的全面预算管理体系，但面对新常态，如何适应集团发展战略，建立新的预算和绩效标准体系，已成为当务之急。上海电气建立了"4+8"的预算管控指标体系，其中"4"为4个核心指标，即自由现金流、新接订单、营业收入、净利润。核心指标综合精简，体现经营成果，作为年度考核指标。"8"为8个质量指标，即运营盈利率、毛利率、经营性利润占比、净资产收益率、应收账款存货占比、有息负债规模、人均销售、百元销售人工成本。8个质量指标根据企业个体情况有选择性地作为管理类考核指标。为更好地实现预算和绩效战略的衔接，体现上海电气对各个预算单位的管控要求，上海电气对各个预算单位建立了"4+8"指标的预算管控标准，自上而下地指导集团所属企业编制预算，实行绩效管理。

要求：（1）简述企业的预算指标体系包括哪些内容？企业应如何建立预算指标体系？

（2）简述如何评价上海电气的"4+8"预算管控指标体系？

（资料来源：上海电气："4+8"预算管控与绩效衔接［N］.中国会计报，2015-04-17.原文有修改）

# 练习题参考答案

## 一、名词解释

1. 预算管理是指企业以战略目标为导向，通过对未来一定期间内的经营活动和相应的财务结果进行全面预测和筹划，科学、合理地配置企业各项财务和非财务资源，并对执行过程进行监督和分析，对执行结果进行评价和反馈，指导经营活动的改善和调整，进而推动实现企业战略目标的管理活动。

2. 经营预算也称业务预算，是指与企业日常业务直接相关的一系列预算，包括销售预算、生产预算、直接材料预算、直接人工预算、制造费用预算、产品成本预算、期末存货预算、销售费用预算、管理费用预算等。

3. 固定预算法又称为静态预算法，是以预算期内某一固定业务量（如产量、销售量）水平作为唯一基础，不考虑预算期内生产活动可能发生的变动而编制预算的方法。

4. 增量预算法又叫调整预算法，是在基期水平的基础上，分析预算期业务水平及有关影响的变动情况，通过调整有关基期项目及数额编制预算的方法。

5. 预算考评是以预算指标、预算执行结果以及预算分析等相关资料为依据，运用一定的考核方法和评价标准，对企业各部门、各环节的全面预算管理实施过程和实施效果进行考核、评价的综合管理活动。

### 二、判断题

| | | | | |
|---|---|---|---|---|
| 1. × | 2. × | 3. √ | 4. × | 5. × |
| 6. √ | 7. √ | 8. × | 9. × | 10. √ |
| 11. √ | 12. × | 13. √ | 14. √ | 15. √ |

### 三、单项选择题

| | | | | |
|---|---|---|---|---|
| 1. D | 2. A | 3. A | 4. B | 5. C |
| 6. B | 7. A | 8. C | 9. C | 10. D |

### 四、多项选择题

| | | | | |
|---|---|---|---|---|
| 1. ABC | 2. ABC | 3. ABC | 4. ABCDE | 5. ABCD |
| 6. BCDE | 7. ABD | 8. ABCD | 9. ABCDE | 10. ABCD |

### 五、简答题

1. 简述预算管理在管理工作中的作用。

答：预算管理在管理工作中的作用体现在五个方面。第一，明确工作目标；第二，协调部门的关系；第三，控制日常活动；第四，业绩考核的标准；第五，防范风险。

2. 简述零基预算法的主要优缺点。

答：零基预算法的优点有以下三个。

（1）有利于合理配置企业资源，确保重点、兼顾一般。

（2）有利于增强员工的投入-产出意识。

（3）有利于发挥全员参与预算编制的积极性和创造性。

零基预算法的缺点是在编制费用预算时需要完成大量的基础工作，也需要较长的编制时间。

3. 简述固定预算法的主要优缺点。

答：固定预算法的优点是简便易行、直观明了。

固定预算法的缺点如下：

（1）适应性差。

（2）可比性差。

（3）容易导致预算执行中的突击行为。

4. 简述弹性预算法的主要优缺点及编制的主要步骤。

答：弹性预算法的优点是实用性和可比性强。

弹性预算法的缺点是相对于固定预算法而言，编制的工作量较大。

弹性预算法的编制步骤如下：

（1）选择恰当的业务量。

（2）分析各项成本费用项目的成本习性，将其划分为变动成本和固定成本。

（3）研究、确定各经济变量之间的数量关系。

（4）根据各经济变量之间的数量关系，计算、确定在不同业务量水平下的预算数额。

5. 为什么说销售预算是预算编制的关键？

答：在社会主义市场经济条件下，企业被推向市场，企业的生存不再取决于上级主管部门的意志，而是取决于市场对企业的接纳程度，取决于企业能否生产出适销对路、质量合格、满足市场需求的产品。市场决定着企业的生存和发展。对企业产品销售的预测，也可以说是对企业生存和发展的预测。在以销定产的方式下，因为销售预算是其他预算的起点，并且销售收入是企业现金收入最主要的来源，所以销售预算是制定企业经营决策最重要的依据、是预算编制的关键。

## 六、计算题

1. 解：（1）间接人工费用预算工时分配率=（213 048÷48 420）×（1+20%）

$$= 5.28 \ （元/小时）$$

（2）间接人工费用总预算额=50 000×5.28=264 000（元）

（3）设备租金总预算额=194 000×（1-15%）=164 900（元）

2. 解：（1）本期生产量=期末存货量+本期销售量-本期期初量

$$=300+900-250=950 \ （件）$$

（2）本期生产量=期末存货量+本期销售量-本期期初量

$$=260+900-250$$

$$=910 \ （件）$$

3. 解：（1）根据题意，月初应收账款本月可收回80%，本月销货款收回50%，因此有：

经营现金收入=4 000×80%+50 000×50%=28 200（元）

（2）根据题意，经营现金支出包括本月支付的月初应付账款、月采购款的70%、工资、付现的间接费用和其他经营性现金支出，因此有：

经营现金支出=5 000+8 000×70%+8 400+16 000+900=35 900（元）

新编管理会计学学习指导

（3）现金余缺＝月初现金余额＋本月经营现金收入－本月经营现金支出－本月投资支付的现金＝8 000＋28 200－35 900－10 000＝－9 700（元）

（4）根据题意，向银行借款必须为1 000元的倍数，同时月末现金余额不低于5 000元，因此有：

银行借款数额＝5 000＋10 000＝15 000（元）

（5）现金月末余额＝15 000－9 700＝5 300（元）

4. 解：（1）100 000×10%＋200 000×70%＋200 000×20%＝190 000（元）

（2）200 000×70%＝140 000（元）

（3）140 000＋15 000＋5 000＋3 000＋80 000＝243 000（元）

（4）50 000＋190 000－243 000＝－3 000（元）

（5）3 000＋50 000＝53 000（元）

### 七、案例分析题

答：（1）企业的预算指标包括财务指标和非财务指标两大类。财务指标用价值量反映具体的预算目标，是预算指标体系的主体；同时，企业可以设置适合本企业的非财务指标作为财务指标的有益补充。企业制定预算指标体系时，首先要体现企业的总体战略，突出企业战略管理的重点。其次要确定企业的核心指标，一般来说，利润指标是预算指标体系的核心指标，长期预算的角度表现为投资报酬率，短期预算的角度表现为目标利润。最后要以核心指标为其起点来确定销售量、产量、销售收入、成本费用等其他指标，建立一个相互联系的预算指标体系。

（2）首先，上海电气的"4＋8"预算管控指标体系的4个核心指标中，自由现金流、营业收入、净利润属于财务指标，而新接订单属于非财务指标，这体现了财务指标与非财务指标的结合。其次，核心指标综合精简，不仅能体现经营成果，又能作为年度考核指标。最后，8个质量指标涵盖面广，既涉及企业运营的关键因素，又能根据企业个体情况有选择性地作为管理类考核指标，具有很强的适应性。总体来说，这些指标相互联系，形成了一个有机整体，较好地实现了预算和绩效战略的衔接，体现了集团对各个预算单位的管控要求。

# 第六章
# 成本管理会计

-----------------------------------------------

## 学习目标

通过对本章的学习，学生应了解不同成本分类，理解成本按性态分类为固定成本、变动成本和混合成本的定义、特性和内容；了解目标成本法的概念及其应用；掌握变动成本法和完全成本法的异同及优缺点；了解标准成本法的基本原理、标准成本的种类，掌握成本差异的计算方法，并能有效利用成本差异产生的原因进行成本控制；了解作业成本法产生的原因，掌握作业成本计算法的基本理论和方法，并能在不同的环境中加以灵活应用。

## 学习指导

1. 学习重点

（1）理解固定成本、变动成本和混合成本的定义、特性、内容与相关范围；

（2）掌握变动成本法和完全成本法的原理、特点及其差异；

（3）解释成本差异产生的原因，并熟练掌握各种成本差异的计算和分析；

（4）了解和掌握作业成本计算法的理论体系，并准确理解作业成本计算法和传统成本计算法的异同；

（5）准确理解作业的性质、作业的分类及其在管理中的作用；

（6）了解作业成本计算法的基本流程并熟练掌握作业成本计算法的应用。

2. 学习难点

（1）对变动成本法和完全成本法的理解和把握，重点在于两者所带来的思维上的差异，如何在一个全新的角度正确解释两者在产品成本构成内容、存货成本构成内容和各期损益影响等方面的差异；

（2）标准成本法的使用范围和条件、标准成本的制定以及根据差异产生的原因进行有效的成本控制；

（3）在了解和掌握作业成本计算法理论体系的基础上，准确理解作业成本计算法和传统成本计算法的异同，从而将成本计算和成本管理结合起来，并在不同的环境中加以应用。

# 练习题

## 一、名词解释

1. 变动成本法

2. 完全成本法

3. 标准成本法

4. 成本差异

5. 作业成本法

6. 作业动因

7. 资源动因

## 二、判断题

1. 固定成本是指其总额在一定期间内不受业务量的影响而保持固定不变的成本。

（　　）

2. 相关成本与无关成本的区分并不是绝对的。　　　　　　　　　（　　）

3. 专门生产某种产品的专用设备折旧费、保险费属于该产品的专属成本。
　　　　　　　　　　　　　　　　　　　　　　　　　　　　　（　　）

4. 如果一项资产只能用来实现某一职能而不能用于实现其他职能时，就不会产生机会成本。　　　　　　　　　　　　　　　　　　　　　　（　　）

5. 机会成本是一项实际支出，应该登记入账。　　　　　　　　　（　　）

6. 沉没成本是现在发生的，无法由现在或将来的任何决策所改变的成本。（　　）

7. 当期初存货小于期末存货时，变动成本法下的期末存货计价小于完全成本法下的期末存货计价；当期初存货大于期末存货时，变动成本法下的期末存货计价大于完全成本法下的期末存货计价。　　　　　　　　　　　　　　　（　　）

8. 客观上，变动成本法有刺激销售的作用。也就是说，在一定意义上，变动成本法强调了固定制造费用对企业利润的影响。　　　　　　　　　（　　）

9. 完全成本法对固定成本的补偿由当期销售的产品承担，期末未销售的产品与当期已销售的产品承担着不同的份额。　　　　　　　　　　　　（　　）

10. 标准成本是在正常生产经营下应该实现的，可以作为控制成本开支、评价实际成本、衡量工作效率的依据和尺度的一种目标成本。　　　　　　（　　）

11. 制造费用差异按其形成原因可以分为价格差异和数量差异。　（　　）

12. 固定制造费用标准分配率＝预算固定制造费用÷预算工时。　（　　）

13. 正常标准成本与现实标准成本的不同之处是需要根据现实情况的变化不断进行修改，而现实标准成本则可以保持在较长一段时间内固定不变。（　　）

14. 标准成本法是一种成本核算与成本控制相结合的方法。　　　（　　）

15. 在制定标准成本时，理想标准成本因为要求高而成为最合适的一种标准成本。
　　　　　　　　　　　　　　　　　　　　　　　　　　　　　（　　）

16. 在变化了的制造环境下，传统的成本计算方法计算产品成本将会歪曲成本信息，甚至使成本信息完全丧失决策相关性。　　　　　　　　　　　（　　）

17. 作业成本计算法下的产品成本是完全成本。　　　　　　　　（　　）

18. 作业成本计算法认为，产品直接消耗资源。　　　　　　　　（　　）

19. 生产废品的作业是一项不增值作业。　　　　　　　　　　　（　　）

20. 作业成本计算法强调费用支出的合理性、有效性，不论是否与产出直接相关。
　　　　　　　　　　　　　　　　　　　　　　　　　　　　　（　　）

三、单项选择题

1. （　　）在决策中属于无关成本。
　　A. 边际成本　　　　　　　　　　　　B. 沉没成本
　　C. 专属成本　　　　　　　　　　　　D. 机会成本

2. 某企业购置 100 块玻璃，采购单价为 99 元，运输途中的耗损率为 1%。不考虑其他因素，每块玻璃入库单价为（　　）元。
　　A. 100　　　　　　　　　　　　　　B. 99
　　C. 150　　　　　　　　　　　　　　D. 200

3. 在相同成本原始资料条件下，变动成本法下计算的单位成本比完全成本法下计算的单位产品成本（　　）。

  A. 相同        B. 大

  C. 小         D. 无法确定

4. 直接人工工时耗用量差异是指单位（　　）耗用量脱离单位标准人工工时耗用量所产生的差异。

  A. 实际人工工时     B. 定额人工工时

  C. 预算人工工时     D. 正常人工工时

5. 计算数量差异要以（　　）为基础。

  A. 标准价格       B. 实际价格

  C. 标准成本       D. 实际成本

6. 下列选项中，属于材料价格差异形成原因的有（　　）。

  A. 材料运输保险费率提高   B. 生产过程中的损耗增加

  C. 加工过程中的损耗增加   D. 储存过程中的损耗增加

7. 理想标准成本是在（　　）可以达到的成本水平。它是排除了一切失误、浪费、机器闲置等因素，根据理论上的耗用量、价格以及最高生产能力制定的标准成本。

  A. 正常生产经营条件下   B. 最佳工作状态下

  C. 现有的生产条件下    D. 平均先进的生产条件下

8. 实际工时与预算工时之间的差异造成的固定制造费用差异称为固定制造费用（　　）。

  A. 开支差异       B. 效率差异

  C. 生产能力利用程度差异   D. 数量差异

9. 为了计算固定制造费用标准分配率，必须设定一个（　　）。

  A. 标准工时       B. 定额工时

  C. 预算工时       D. 实际工时

10. 甲公司生产单一产品，按正常标准成本进行成本控制。甲公司预计下一年度的原材料采购价格为 13 元/千克，运输费为 2 元/千克，运输过程中的正常损耗为 5%，原材料入库后的储存成本为 1 元/千克。该产品直接材料价格标准为（　　）元。

  A. 15         B. 15. 75

  C. 15. 79        D. 16. 79

11. 作业消耗一定的（　　）。

  A. 成本         B. 时间

  C. 费用         D. 资源

12. 采购作业的作业动因是（　　）。

  A. 采购次数       B. 采购批量

  C. 采购数量       D. 采购员人数

13. 作业成本法是把企业消耗的资源按（　　）分配到作业以及作业收集的作业成本按（　　）分配到成本对象的核算方法。

    A. 资源动因、作业动因
          B. 资源动因、成本动因

    C. 成本动因、作业动因
          D. 作业动因、资源动因

14. 服务于每批产品并使每一批产品都受益的作业是（　　）。

    A. 专属作业
          B. 不增值作业

    C. 批别动因作业
          D. 价值管理作业

15. （　　）是负责完成某一项特定产品制造功能的一系列作业的集合。

    A. 作业中心
          B. 制造中心

    C. 企业
          D. 车间

16. 甲企业采用作业成本法计算产品成本，每批产品生产前需要进行机器调试，在对调试作业中心进行成本分配时，最适合采用的作业成本动因是（　　）。

    A. 产品品种
          B. 产品数量

    C. 产品批次
          D. 每批产品数量

17. 某公司只生产一种产品，本月生产并销售产品 100 件，单位产品售价为 1 000 元。每件产品的单位变动制造成本为 300 元/件，单位变动非生产成本为 20.8 元/件，固定制造费用为 10 000 元。固定非生产成本为 40 000 元。按变动成本计算，该公司实现的税前利润为（　　）元。

    A. 17 920
          B. 70 000

    C. 67 920
          D. 18 000

18. 造成"某期按变动成本法与按完全成本法确定的税前利润不相等"的根本原因是（　　）。

    A. 两种方法对固定制造费用的处理方式不同

    B. 两种方法计入当前利润表的变动生产成本的水平不同

    C. 两种方法计算销售收入的方法不同

    D. 两种方法将管理费用计入当期利润表的方式不同

19. 某公司是一家日用品生产企业，生产单一产品，按正常标准成本控制，公司预计下一年度的原材料采购价格为 10 元/千克，运输费为 2 元/千克，运输过程中的正常损耗为 3%，原材料入库后的存储成本为 1 元/千克。该产品的直接材料价格标准为（　　）元。

    A. 12.36
          B. 12.37

    C. 13.40
          D. 13

20. 二因素分析法下固定制造费用的产量差异，在三因素分析法中进一步分为（　　）。

    A. 闲置能量差异和耗费差异
          B. 能力差异和效率差异

    C. 耗费差异和效率差异
          D. 价格差异和数量差异

21. 某公司生产单一产品，实行标准成本管理。每件产品的标准工时为 3 小时，固定制造费用的标准成本为 6 元/件。企业生产能量为每月生产产品 400 件。7 月，该公司实际生产产品 350 件，发生固定制造费用 5 250 元，实际工时为 1 100 小时。根据上述数据计算 7 月该公司固定制造费用效率差异为（　　）元。

A. 100　　　　　　　　　　　　B. 150

C. 200　　　　　　　　　　　　D. 300

22. 某产品的变动制造费用每件标准工时为 8 小时，标准分配率为 6 元/小时。本月生产产品 400 件，实际使用工时 3 400 小时，实际发生变动制造费用 21 000 元。变动制造费用效率差异为（　　）元。

A. -1 200　　　　　　　　　　B. 1 200

C. -1 500　　　　　　　　　　D. 1 500

23. 相较于传统成本计算方法，属于作业成本计算方法特点的是（　　）。

A. 将间接成本和辅助费用更准确地分配到产品和服务中去

B. 将直接成本直接计入有关产品

C. 直接成本的范围较小

D. 不考虑固定成本的分摊

24. 某车间生产 A、B、C 三种产品，其搬运作业成本当月共发生总成本15 600元，若本月服务于 B 产品的搬运次数是 85 次，服务于 B 产品的搬运次数是 120 次，服务于 C 产品的搬运次数是 95 次，则该车间本月搬运作业的成本分配率是（　　）元/次。

A. 37　　　　B. 50　　　　C. 52　　　　D. 60

25. 下列关于作业成本法与产量基础法的选项中，正确的有（　　）。

A. 传统的成本计算方法对全部生产成本进行分配，作业成本法只对变动成本进行分配

B. 传统的成本计算方法按部门归集间接费用，作业成本法按作业归集间接费用。

C. 与传统的成本计算方法相比，作业成本法的直接成本计算范围小

D. 与传统的成本计算方法相比，作业成本法便于实施责任会计和业绩评价

**四、多项选择题**

1. 甲公司制定产品标准成本时采用现行标准成本。下列选项中，需要修订现实标准成本的有（　　）。

A. 季节原因导致材料价格上升　　B. 订单增加导致设备利用率提高

C. 采用新工艺导致生产效率提高　　D. 工资调整导致人工成本上升

2. 下列选项中，属于材料价格差异形成原因的有（　　）。

A. 材料运输保险费率提高　　　　B. 运输过程中的损耗增加

C. 加工过程中的损耗增加　　　　D. 储存过程中的损耗增加

3. 下列选项中，易造成材料数量差异的有（　　）。

A. 优化操作技术节约材料　　　　B. 材料运输保险费提高

C. 工人操作疏忽导致废品增加　　D. 机器或工具不合适多耗材料

4. 下列关于标准成本差异的选项中，通常应由生产部门负责的有（　　）。

A. 直接材料的价格差异　　　　　B. 直接人工的数量差异

C. 变动制造费用的价格差异　　　D. 变动制造费用的数量差异

5. 变动成本法下，产品成本包括（　　）。

    A. 直接材料　　　　　　　　　　B. 直接人工

    C. 变动制造费用　　　　　　　　D. 固定制造费用

    E. 制造费用

6. 下列关于固定制造费用差异分析的选项中，错误的有（　　）。

    A. 二因素法下，固定制造费用差异分为耗费差异和效率差异

    B. 固定制造费用闲置能量差异是生产能量与实际产量的标准工时之差，与固定制造费用标准分配率的乘积

    C. 固定制造费用效率差异是固定制造费用的实际金额与固定制造费用的预算金额之间的差额

    D. 固定制造费用能量差异反映未能充分使用现有生产能量而造成的损失

7. 在制定标准成本时，根据要求达到效率的不同，应采取的标准有（　　）。

    A. 理想标准成本　　　　　　　　B. 正常标准成本

    C. 实际标准成本　　　　　　　　D. 定额成本

    E. 历史成本

8. 构成直接材料差异的基本因素有（　　）。

    A. 效率差异　　　　　　　　　　B. 耗用差异

    C. 用量差异　　　　　　　　　　D. 价格差异

    E. 时间差异

9. 成本差异按成本的构成可以分为（　　）。

    A. 直接材料成本差异　　　　　　B. 直接人工成本差异

    C. 价格差异　　　　　　　　　　D. 数量差异

    E. 制造费用差异

10. 某企业生产经营的产品品种繁多，间接成本比重较高，成本会计人员试图推动该企业采用作业成本法计算产品成本。下列选项中，适合用于说服管理层的有（　　）。

    A. 使用作业成本法可以提高成本分配准确性

    B. 通过作业管理可以提高成本控制水平

    C. 使用作业成本信息可以提高经营决策质量

    D. 使用作业成本信息有利于价值链分析

11. 传统的成本计算方法把产品成本分为（　　）。

    A. 直接材料　　　　　　　　　　B. 直接人工

    C. 制造费用　　　　　　　　　　D. 生产成本

    E. 间接费用

12. 在作业成本计算法下，成本计算的对象是多层次的，大体上可以分为（　　）。

    A. 资源　　　　　　　　　　　　B. 作业

    C. 产品　　　　　　　　　　　　D. 作业中心

    E. 制造中心

13. 在作业成本中，成本动因可以分为（　　）。

    A. 时间成本动因             B. 作业成本动因

    C. 次数成本动因             D. 资源成本动因

14. 下列选项中，属于资源成本动因的有（　　）。

    A. 检验人员的工资          B. 专用设备的折旧费

    C. 检验次数                 D. 检验时间

15. 下列关于作业成本法的表述中，正确的有（　　）。

    A. 作业成本法中最准确的方法是通过追溯将成本分配到成本对象，其次是动因分配，既不能追溯，也不能动因分配的，选择分摊

    B. 作业成本法下，产量被认为是能够解释产品成本变动的唯一动因

    C. 作业成本法下，只分配间接费用，直接费用不进行分配

    D. 执行任何一项作业都需要消耗一定的资源，任何一项产品的形成都要消耗一定的作业

16. 下列各项成本中，属于变动成本的是（　　）。

    A. 直接材料               B. 直接人工

    C. 折旧费用               D. 管理人员工资

17. 下列项目中，不会导致完全成本法和变动成本法确定的分歧损益不同的是（　　）。

    A. 管理费用               B. 销售费用

    C. 财务费用               D. 固定性制造费用

    E. 变动生产成本

18. 下列因素中，会影响直接材料数量差异大小的有（　　）。

    A. 单位材料实际价格

    B. 单位材料标准价格

    C. 实际产量下直接材料的标准耗用量

    D. 实际产量下直接材料的实际耗用量

19. 甲公司生产甲产品，本月实际产量 600 件，实际发生固定制造费用 2 500 元，实际工时 1 250 小时。企业生产能量为 650 件（1 300 小时）。产品固定制造费用标准成本为 4 元/件，每件产品标准工时为 2 小时。下列选项中，正确的有（　　）。

    A. 固定制造耗费差异为-100 元    B. 固定制造费用产量差异为 200 元

    C. 固定制造费用效率差异为 100 元    D. 固定制造费用能力差异为 200 元

20. 作业成本计算理论中的顾客可以是（　　）。

    A. 资源                 B. 作业

    C. 作业中心              D. 制造中心

    E. 最终用户

## 五、简答题

1. 简述变动成本法与完全成本法的区别。

2. 什么是目标成本法？简述目标成本法的优缺点。

3. 简述标准成本法的优缺点。

4. 成本差异的种类有哪些？

5. 简述作业成本法的优缺点。

六、计算题

1. 某公司现有一空置的车间既可以用于 A 产品的生产，也可以用于出租。如果用来生产 A 产品，其收入为 40 000 元，成本费用为 21 000 元；如果用来出租，则可以获得 15 000 元的租金收入。

要求：（1）计算该公司出租闲置车间的机会成本。

（2）该公司应选择出租闲置车间还是用来生产 A 产品？

2. 某公司只生产一种产品，2020 年的产量为 8 000 件，销售量为 7 000 件。每件产品的售价为 50 元。其生产成本如下：变动成本为每件 10 元，固定制造费用为

80 000 元，变动销售及管理费用为每件 5 元，固定销售及管理费用为每年60 000元。

要求：（1）分别计算两种成本法下的单位产品成本。

（2）分别计算两种成本法下的税前利润。

3. 某公司经营甲产品业务，单位售价为 25 元，单位变动成本为 14 元，年固定制造费用为 45 000 元，年固定销售费用为 5 000 元。甲产品近两年的产销量资料如表 6-1 所示。

表 6-1　甲产品近两年的产销量资料　　　　　　　　单位：元

| 项目 | 期初存货量 | 本期生产量 | 本期销售量 | 期末存货量 |
|---|---|---|---|---|
| 第一年 | 0 | 10 000 | 8 000 | 2 000 |
| 第二年 | 2 000 | 9 000 | 11 000 | 0 |

要求：（1）运用变动成本法计算该企业近两年的税前利润。

（2）运用完全成本法计算该企业近两年的税前利润。

（3）比较两种成本计算方法下近两年税前利润的差额并说明原因。

4. 某公司生产 A 产品需要使用一种直接材料甲材料。该公司本期生产 A 产品 3 000件，耗用材料为 30 000 千克。甲材料的实际价格为每千克 100 元。假设甲材料的标准价格为每千克 110 元，单位 A 产品的标准用量为 12 千克。

要求：计算甲材料的成本差异。

5. 某公司本期预算固定制造费用为 4 500 元，预算工时为 1 800 小时，实际耗用工时 1 500 小时，实际固定制造费用为 6 000 元，标准工时为 2 000 小时。

要求：计算固定制造费用成本差异。

6. 某工厂本月有关预算资料及执行结果如表6-2所示。

表6-2　某工厂本月有关预算资料及执行结果

| 项目 | 预算资料 | 执行结果 |
|---|---|---|
| 固定制造费用/元 | 4 000 | 3 980 |
| 变动制造费用/元 | 500 | 510 |
| 总工时/小时 | 2 500 | 2 200 |

已知标准工时为2 000小时，变动制造费用标准分配率为0.25元/小时。

要求：分析变动制造费用差异和固定制造费用差异。

7. 某公司生产甲、乙两种产品，有关资料如下：

（1）甲、乙两种产品的成本资料如表6-3所示。

表6-3　甲、乙两种产品的成本资料

| 产品名称 | 产量/件 | 单位直接材料和直接人工/元 | 直接人工工时/小时 |
|---|---|---|---|
| 甲产品 | 400 | 250 | 1 000 |
| 乙产品 | 625 | 380 | 2 000 |

（2）该公司制造费用总额为150 000元，按表6-4所示作业情况进行了划分。

表6-4　作业情况

| 作业名称 | 成本动因 | 作业成本/元 | 甲耗用作业量/小时 | 乙耗用作业量/小时 | 合计 |
|---|---|---|---|---|---|
| 生产订单 | 订单份数 | 40 000 | 200 | 120 | 320 |
| 机器调整 | 调整次数 | 60 000 | 400 | 600 | 1 000 |
| 质量检验 | 检验次数 | 20 000 | 100 | 300 | 400 |
| 材料验收 | 验收次数 | 30 000 | 150 | 150 | 300 |

要求：（1）按照传统成本法，以直接人工工时为分配标准，计算甲、乙两种产品的单位成本。

（2）按照作业成本法计算甲、乙两种产品的单位成本。

8. 某企业专门制造和销售 M 型号打印机，采用作业成本法核算，其产品成本由直接成本（直接材料）和四个作业中心成本构成。四个作业中心的作业动因资料如表 6-5 所示。

表 6-5 四个作业中心的作业动因资料

| 作业中心 | 作业动因 | 分配率 |
|---|---|---|
| 材料管理 | 部件数量 | 8 元/个 |
| 机械制造 | 机器小时 | 60 元/小时 |
| 组装 | 装配小时数 | 75 元/小时 |
| 检验 | 检验小时数 | 100 元/小时 |

A 公司从该企业订购了 40 台 M 型号打印机，每台机器直接材料费用为 3 000 元，需要 60 个部件、15 个机器小时、20 个装配小时和 5 个检验小时。

要求：计算 A 公司订购的 M 型号打印机的总成本和单位成本。

### 七、案例分析题

#### 案例一：经理的困惑

2020 年 4 月 10 日，某医药工业公司财务科长根据本公司各企业的会计年报及有关文字说明，写了一份公司年度经济效益分析报告送交经理室。经理对报告中提到的两个企业的情况颇感困惑：一个是专门生产输液原料的甲制药厂，另一个是生产制药原料的乙制药厂。甲制药厂 2018 年产销不景气，库存大量积压，贷款不断增加，资金频频告急。2019 年，甲制药厂对此积极努力，一方面适当生产，另一方面想方设法广开渠道，扩大销售规模，减少库存，但其财务报表上反映的 2019 年的利润却比 2018 年下降。乙制药厂情况则相反，2019 年市场不景气，销售量比 2018 年下降，但年度财务决算报表上的几项经济指标除资金外都比 2018 年好。被经理这么一问，财务科长也觉得有问题。于是，他将这两个厂家交上来的有关报表和财务分析拿出来进行进一步的研究。

甲制药厂利润表如表 6-6 所示。

表 6-6　甲制药厂利润表

| 项目 | 2018 年 | 2019 年 |
|---|---|---|
| 销售收入/元 | 1 855 000 | 2 597 000 |
| 减：销售成本/元 | 1 272 000 | 2 234 162 |
| 销售费用/元 | 85 000 | 108 000 |
| 净利润/元 | 498 000 | 254 838 |
| 库存资料/瓶 | | |
| 在成品/瓶 | | |
| 期初存货数/瓶 | 16 000 | 35 000 |
| 本期生产数/瓶 | 72 000 | 50 400 |
| 本期销售数/瓶 | 53 000 | 74 200 |
| 期末存货数/瓶 | 35 000 | 11 200 |
| 期末在产品/瓶 | | |
| 单位销价/元 | 35 | 35 |
| 单位成本/元 | 24 | 30.11 |
| 材料/元 | 7 | 7 |
| 工资/元 | 4 | 5.71 |
| 燃料和动力/元 | 3 | 3 |
| 制造费用/元 | 10 | 14.40 |

甲制药厂两年的工资和制造费用分别为 288 000 元和 720 000 元，销售采用后进先出法。甲制药厂在分析其利润下降的原因时，认为这是生产能力没有充足利用、工资和制造费用等固定费用未能得到充分摊销所致。

乙制药厂利润表如表 6-7 所示。

表 6-7　乙制药厂利润表

| 项目 | 2018 年 | 2019 年 |
|---|---|---|
| 销售收入/元 | 1 200 000 | 1 100 000 |
| 减：销售成本/元 | 1 080 000 | 964 700 |
| 销售费用/元 | 30 000 | 30 000 |
| 净利润/元 | 90 000 | 105 300 |
| 库存资料/瓶 | | |
| 在成品/瓶 | | |
| 期初存货数/瓶 | 100 | 100 |
| 本期生产数/瓶 | 12 000 | 13 000 |

表6-7(续)

| 项目 | 2018 年 | 2019 年 |
|---|---|---|
| 本期销售数/瓶 | 12 000 | 11 000 |
| 期末存货数/瓶 | 100 | 2 100 |
| 售价/元 | 100 | 100 |
| 单位成本/元 | 90 | 87.70 |
| 原材料/元 | 50 | 50 |
| 工资/元 | 15 | 13.85 |
| 燃料和动力/元 | 10 | 10 |
| 制造费用/元 | 15 | 13.85 |

乙制药厂两年的工资和制造费用均为 180 000 元，销售采用先进先出法。乙制药厂在分析其利润上升的原因时，认为这是在市场不景气的情况下，为多交利润、保证国家利润不受影响，全厂职工一条心，充分利用现有生产能力，增收节支的结果。

（资料来源：孙茂竹，支晓强，戴璐. 管理会计学［M］. 8 版. 北京：中国人民大学出版社，2010. 原文有修改）

通过本案例的分析，请问：

（1）甲制药厂和乙制药厂的分析结论对吗？为什么？

（2）如果你是公司的财务科长，你将得出什么结论？如何向经理解释？

## 案例二：订单处理作业成本分析

索伦森（Sorensen）公司生产多种类型的飞机螺钉。螺钉是根据顾客订单分批生产的。虽然有很多不同的螺钉，但可以把它们分成三大产品家族。因为每一产品家族被用在不同的飞机上，可以根据客户购买的产品把客户分为三大类。销售给每类客户的产品数是相同的，三大产品家族的单位售价从 0.50 美元到 0.80 美元。过去，接受、处理订单的成本都费用化了，没有追溯到各顾客群。这些成本并非小数目，一年的成本总额达 4 500 000 美元。另外，这些成本在逐渐增长。后来，索伦森公司开始实施降低成本战略，但是任何成本削减都必须有助于提高竞争优势。

因为处理订单的成本巨大并且不断增长，管理层决定调查这些成本发生的原因。管理层发现处理订单的成本受处理的顾客订单数量的驱动。进一步的调查表明，处理订单作业有以下成本性态：

固定阶梯成本成分为 50 000 美元/阶梯（2 000 份订单为一阶梯）。

变动成本成分为 30 美元/订单。

索伦森公司有足够的阶梯来处理 100 000 份订单。

本年索伦森公司预计客户订单数为 100 000 份。预计耗用的处理订单作业量和各类客户的平均订单额如表 6-8 所示。

表 6-8　预计耗用的处理订单作业量和各类客户的平均订单额

| 项目 | 第一类 | 第二类 | 第三类 |
| --- | --- | --- | --- |
| 订单数/份 | 50 000 | 30 000 | 20 000 |
| 平均订单额/美元 | 600 | 1 000 | 1 500 |

成本性态分析得出的结论如下：市场部经理建议向每份客户订单收取费用，公司总经理表示同意。收费的办法是把每份订单的成本加到该订单的产品价格中（利用预计订单成本和预计订单单数计算）。这样，订单成本随订单规模增大而减少，当订单规模达到 2 000 份时就取消这一订单成本（市场经理指出如果订单规模大于此数再收费，就会失去一些规模较小的客户）。在将这一新的价格信息通知到客户后很短的时间内，三大产品家族的平均订单规模都上升到 2 000 份。

要求：（1）计算每类顾客的单位订单成本。

（2）计算定价战略的改变使订单处理成本降低了多少（假设尽量减少资源消耗量，同时总销量不变）？说明利用客户作业信息是如何导致成本降低的。

（资料来源：孙茂竹，支晓强，戴璐. 管理会计学 [M]. 8 版. 北京：中国人民大学出版社，2010. 原文有修改）

# 练习题参考答案

## 一、名词解释

1. 变动成本法是指企业以成本性态分析为前提条件，仅将生产过程中消耗的变动生产成本作为产品成本的构成内容，而将固定生产成本和非生产成本作为期间成本，直接由当期收益予以补偿的一种成本计算模式。

2. 完全成本法是指在组织常规的成本计算中，以成本按经济用途分类为前提条件，将全部生产成本作为产品成本的构成内容，只将非生产成本作为期间成本，并按传统式损益确定程序计量损益的一种成本计算模式。

3. 标准成本法是指企业以预先制定的标准成本为基础，通过比较标准成本与实际成本，计算和分析成本差异，揭示成本差异的动因，进而实施成本控制和评价经营业绩的一种成本管理方法。

4. 成本差异是指实际成本与标准成本之间的差额，也称标准差异。

5. 作业成本法是指以"作业消耗资源、产品消耗作业"为原则，按照资源动因将资源费用追溯或分配至各项作业，计算出作业成本，然后再根据作业动因，将作业成本追溯或分配至各成本对象，最终完成成本计算的成本管理方法。

6. 作业动因是衡量一个成本对象（产品、服务或顾客）需要的作业量，是产品成本增加的驱动因素。

7. 资源动因是指引起作业成本增加的驱动因素，用来衡量一项作业的资源消耗量。

## 二、判断题

| | | | | |
|---|---|---|---|---|
| 1. × | 2. √ | 3. √ | 4. √ | 5. × |
| 6. × | 7. × | 8. √ | 9. × | 10. √ |
| 11. × | 12. √ | 13. × | 14. √ | 15. × |
| 16. √ | 17. √ | 18. × | 19. √ | 20. √ |

## 三、单项选择题

| | | | | |
|---|---|---|---|---|
| 1. B | 2. A | 3. C | 4. A | 5. A |
| 6. A | 7. B | 8. C | 9. C | 10. C |
| 11. D | 12. A | 13. A | 14. C | 15. A |
| 16. C | 17. A | 18. A | 19. B | 20. B |
| 21. A | 22. B | 23. A | 24. C | 25. B |

## 四、多项选择题

| | | | | |
|---|---|---|---|---|
| 1. ABCD | 2. AB | 3. ACD | 4. BCD | 5. ABC |
| 6. ABC | 7. ABC | 8. CD | 9. ABE | 10. ABCD |
| 11. ABC | 12. ABDE | 13. BD | 14. AB | 15. AD |
| 16. AB | 17. ABCE | 18. BCD | 19. ABC | 20. BCDE |

## 五、简答题

1. 简述变动成本法与完全成本法的区别。

答：变动成本法与完全成本法对固定性制造费用的不同处理，导致两种方法的一系列差异。其主要表现在以下三个方面：

（1）产品成本的构成内容不同。完全成本法将所有成本分为制造成本和非制造成本两大类，将制造成本完全计入产品成本，而将非制造成本作为期间成本，全额计入当期损益。变动成本法则是先将制造成本按性态划分为变动性制造费用和固定性制造费用两大类，再将变动性制造费用计入产品成本，而将固定性制造费用与非制造成本列为期间成本。

（2）存货成本的构成内容不同。采用变动成本法，不论是库存产成品、在产品还是已销产品，其成本均只包括制造成本中的变动部分，期末存货计价也只是这一部分。而采用完全成本法时，不论是库存产成品、在产品还是已销产品，其成本中均包括了一定份额的固定性制造费用，期末存货计价也是如此。

（3）各期损益计算不同。两种成本计算方法下的损益计算的差异，主要取决于产量和销量这两个相对来说相互独立因素的均衡程度，且表现为相向关系，即产销越均衡，两种成本计算方法下所计算的损益相差越小；反之，则所计算的损益越大。只有当产成品实现所谓的"零存货"，即产销绝对均衡时，损益计算上的差异才会消失。

2. 什么是目标成本法？简述目标成本法的优缺点。

答：目标成本法是指企业以市场为导向，以目标售价和目标利润为基础，确定产品的目标成本，从产品设计阶段开始，通过各部门、各环节乃至与供应商的通力合作，共同实现目标成本的成本管理方法。

目标成本法的优点如下：

（1）突出从原材料到产品出货全过程的成本管理，有助于提高成本管理的效率和效果。

（2）强调产品生命周期成本的全过程管理和全员管理，有助于提高客户价值和产品竞争力。

（3）谋求成本规划与利润规划活动的有机统一，有助于提升产品的综合竞争力。

目标成本法的缺点如下：目标成本法的应用不仅要求企业拥有各类人才，更需要各有关部门和人员的通力合作，且对管理水平要求较高。

3. 简述标准成本法的优缺点。

答：标准成本法的主要优点。

（1）能及时反馈各成本项目不同性质的差异，有利于考核相关部门及人员的业绩。

（2）标准成本的制定及其差异和动因的信息可以使企业预算的编制更为科学和可行，有助于企业的经营决策。

标准成本法的主要缺点。

（1）要求企业产品的成本标准比较准确、稳定，在使用条件上存在一定的局限性。

（2）标准化管理水平和系统维护成本较高。

（3）标准成本需要根据市场价格波动频繁更新，导致成本差异可能缺乏可靠性，降低成本控制效果。

4. 成本差异的种类有哪些?

答:成本差异按成本的构成可以分为直接材料成本差异、直接人工成本差异和制造费用差异。制造费用差异(间接制造费用差异)按其形成的原因和分析方法的不同,又可分为变动制造费用差异和固定制造费用差异两部分。

5. 简述作业成本法的优缺点。

答:作业成本法的主要优点。

(1) 能够提供更加准确的各维度成本信息,有助于企业提高产品定价、作业与流程改进、客户服务等决策的准确性。

(2) 改善和强化成本控制,促进绩效管理的改进和完善。

(3) 推进作业基础预算,提高作业、流程、作业链(或价值链)管理的能力。

作业成本法的主要缺点在于:部分作业的识别、划分、合并与认定,成本动因的选择以及成本动因计量方法的选择等均存在较大的主观性,操作较为复杂,开发和维护费用较高。

## 六、计算题

1. 解:(1) 该公司出租闲置车间的机会成本 = 40 000 − 21 000 = 19 000(元)

(2) 如果选择用于生产 A 产品则必然放弃出租方案,其本来可能获得的租金收入 15 000 元应作为生产 A 产品的机会成本,由生产的 A 产品负担。生产 A 产品将比出租多获净利 4 000 元,因此应该选择生产 A 产品。

2. 解:(1) 由题意可知,变动成本法下单位产品成本 = 10(元/件)

完全成本法下单位产品成本 = 10 + 80 000 ÷ 8 000 = 20(元/件)

(2) 完全成本法的税前利润 = 50×7 000 − 20×7 000 − 5×7 000 − 60 000

$$= 115\ 000\ (元)$$

变动成本法的税前利润 = 50×7 000 − 10×7 000 − 5×7 000 − 80 000 − 60 000

$$= 105\ 000\ (元)$$

3. 解:(1) 各年损益计算如表 6-9 所示。

变动成本法下:第一年单位产品成本 = 14(元/件)

第二年单位产品成本 = 14(元/件)

完全成本法下:第一年单位产品成本 = 14 + 45 000 ÷ 10 000 = 18.5(元/件)

第二年单位产品成本 = 14 + 45 000 ÷ 9 000 = 19(元/件)

表 6-9　各年损益计算　　　　　　　　　　单位:元

| 项目 | 第 1 年 | 第 2 年 |
| --- | --- | --- |
| 变动成本法: | | |
| 销售收入 | 8 000×25 = 200 000 | 11 000×25 = 275 000 |
| 销售成本 | 8 000×14 = 112 000 | 11 000×14 = 154 000 |
| 贡献毛益 | 200 000 − 112 000 = 88 000 | 275 000 − 154 000 = 121 000 |
| 固定成本 | | |

表6-9(续)

| 项目 | 第1年 | 第2年 |
|---|---|---|
| 固定制造费用 | 45 000 | 45 000 |
| 管理和销售费用 | 5 000 | 5 000 |
| 小计 | 50 000 | 50 000 |
| 税前利润 | 88 000-50 000＝38 000 | 121 000-50 000＝71 000 |
| 完全成本法: | | |
| 销售收入 | 8 000×25＝200 000 | 11 000×25＝275 000 |
| 销售成本 | | |
| 期初存货成本 | 0 | 37 000 |
| 当期产品成本 | 10 000×18.5＝185 000 | 9 000×19＝171 000 |
| 期末存货成本 | 2 000×18.5＝37 000 | 0 |
| 销售成本 | 185 000-37 000＝148 000 | 37 000+171 000＝208 000 |
| 毛利 | 200 000-148 000＝52 000 | 275 000-208 000＝67 000 |
| 管理和销售费用 | 5 000 | 5 000 |
| 税前利润 | 52 000-5 000＝47 000 | 67 000-5 000＝62 000 |

（2）由表6-9的计算结果可以得知，第一年完全成本法的税前利润大于变动成本法的税前利润，第二年完全成本法的税前利润小于变动成本法的税前利润。这是因为，税前利润的差额是期末存货成本中的固定性制造费用导致的的。

第一年产量大于销量，在完全成本法下期末存货成本中的固定性制造费用计入资产负债表中的存货，在变动成本法下计入利润表中的本期损益，税前利润9 000元〔2 000×（45 000÷10 000）〕的差额正是完全成本法所确认的应由期末存货成本负担的固定性制造费用部分。在变动成本法下，这9 000元全部作为期间成本进入了当期损益。

第二年产量小于销量，完全成本法下第一年剩下的2 000件存货的固定性制造费用转入期间损益。

4. 解：

A材料的成本差异计算如下：

材料价格差异＝（100-110）×30 000＝-300 000（元）（有利差异）

材料用量差异＝110×（30 000-12×3 000）＝-660 000（元）（有利差异）

材料成本差异＝100×30 000-110×36 000＝-960 000（元）（有利差异）

或材料成本差异＝-300 000+（-660 000）＝-960 000（元）（有利差异）

5. 解：（1）根据公式可求出标准分配率和实际分配率。

固定制造费用标准分配率＝4 500÷1 800＝2.5（元/小时）

固定制造费用实际分配率＝6 000÷1 500＝4（元/小时）

（2）根据上述公式求出耗费差异、效率差异和能量差异。

固定制造费用耗费差异=6 000-4 500=1 500（元）

固定制造费用效率差异=2.5×（1 500-2 000）=-1 250（元）

固定制造费用能力差异=2.5×（1 800-1 500）=750（元）

标准固定制造费用=2.5×2 000=5 000（元）

固定制造费用成本差异=6 000-5 000=1 000（元）

或固定制造费用成本差异=1 500-1 250+750=1 000（元）

6. 解：（1）变动制造费用差异。

变动制造费用总差异=510-（2 000×0.25）=10（元）（不利差异）

其中：

变动制造费用效率差异=0.25×（2 200-2 000）=50（元）

变动制造费用分配率差异=510-（0.25 ×2 200）=-40（元）

（2）固定制造费用差异。

固定制造费用总差异=3 980-（2 000×1.60）=780（元）（不利差异）

其中：

固定制造费用耗费差异=3 980-4 000=-20（元）

固定制造费用效率差异=1.6×（2 200-2 000）=320（元）

固定制造费用能力差异=1.6×（2 500-2 200）=480（元）

7. 解：（1）制造费用分配率=150 000÷（1 000+2 000）=50（元/小时）

分配给甲产品的制造费用=50×1 000=50 000（元）

单位甲产品应分配的制造费用=50 000÷400=125（元/件）

甲产品的单位成本=125+250=375（元）

分配给乙产品的制造费用=50×2 000=100 000（元）

单位乙产品应分配的制造费用=100 000÷625=160（元/件）

乙产品的单位成本=160+380=540（件）

（2）甲、乙两种产品应分配的制造费用如表6-10所示。

表6-10　甲、乙两种产品应分配的制造费用

| 作业名称 | 生产订单 | 机器调整 | 质量检验 | 材料验收 | 合计 |
|---|---|---|---|---|---|
| 作业成本/元 | 40 000 | 60 000 | 20 000 | 30 000 | 150 000 |
| 作业量/小时 | 320 | 1 000 | 400 | 300 | — |
| 分配率/元·小时$^{-1}$ | 125 | 60 | 50 | 100 | — |
| 甲产品的制造费用/元 | 25 000 | 24 000 | 5 000 | 15 000 | 69 000 |
| 乙产品的制造费用/元 | 15 000 | 36 000 | 15 000 | 15 000 | 81 000 |

甲产品的单位成本=172.5+250=422.5（元/件）

单位乙产品应分配的制造费用=81 000÷625=129.6（元/件）

乙产品的单位成本=129.6+380=509.6（元/件）

8. 解：（1）直接材料费用的分配。

由于材料直接耗用于 M 型号打印机，因此直接计入产品成本。

（2）将各作业中汇集的费用按分配率分配计入 M 型号打印机的成本。

材料管理=60×8=480（元）

机械制造=15×60=900（元）

装配=20×75=1 500（元）

检验=5×100=500（元）

（3）M 型号打印机的单位成本为直接材料费用和间接费用之和。

M 型号打印机的单位成本=3 000+480+900+1 500+500=6 380（元）

A 公司订购的 M 型号打印机的总成本=6 380×40=255 200（元）

### 七、案例分析题

案例一：

答：（1）甲制药厂和乙制药厂在核算成本时，采用的是完全成本法。完全成本法强调生产环节对企业利润的贡献。在完全成本法下，固定性制造费用也被归于产品而随产品流动，因此本期已销售产品和期末未销售产品在成本负担上是完全一致的。在一定销售量下，产量多则利润高。在本案例中，甲制药厂 2018 年销售不景气，大量存货积压，但是生产数量比 2019 年多，因此造成 2018 年企业利润高于 2019 年的现象。乙制药厂的情况也类似于甲制药厂。

（2）因为企业利润是通过销售过程最终实现的，所以企业应当重视销售过程，运用变动成本法更符合企业的目标。如果采用变动成本法核算，结果如表 6-11 和表 6-12 所示。

表 6-11　甲制药厂利润表

| 项目 | 2018 年 | 2019 年 |
| --- | --- | --- |
| 销售收入/元 | 1 855 000 | 2 597 000 |
| 销售变动成本/元 | 530 000 | 742 000 |
| 工资/元 | 288 000 | 288 000 |
| 制造费用/元 | 720 000 | 720 000 |
| 销售费用/元 | 85 000 | 108 000 |
| 净利润/元 | 232 000 | 739 000 |
| 库存资料/瓶 | | |
| 　期初存货数/瓶 | 16 000 | 35 000 |
| 　本期生产数/瓶 | 72 000 | 50 400 |
| 　本期销售数/瓶 | 53 000 | 74 200 |
| 期末存货数/瓶 | 35 000 | 11 200 |
| 单位销价/元 | 35 | 35 |

表6-11(续)

| 项目 | 2018 年 | 2019 年 |
|---|---|---|
| 单位变动成本/元 | 10 | 10 |
| 其中：材料/元 | 7 | 7 |
| 　　　燃料和动力/元 | 3 | 3 |

表6-12　乙制药厂利润表

| 项目 | 2018 年 | 2019 年 |
|---|---|---|
| 销售收入/元 | 1 200 000 | 1 100 000 |
| 销售变动成本/元 | 720 000 | 660 000 |
| 工资/元 | 180 000 | 180 000 |
| 制造费用/元 | 180 000 | 180 000 |
| 销售费用/元 | 30 000 | 30 000 |
| 净利润/元 | 90 000 | 105 300 |
| 库存资料/瓶 | | |
| 　　期初存货数/瓶 | 100 | 100 |
| 　　本期生产数/瓶 | 12 000 | 13 000 |
| 　　本期销售数/瓶 | 12 000 | 11 000 |
| 　　期末存货数/瓶 | 100 | 2 100 |
| 售价/元 | 100 | 100 |
| 单位变动成本/元 | 60 | 60 |
| 其中：原材料/元 | 50 | 50 |
| 　　　燃料和动力/元 | 10 | 10 |

因此，根据医药工业公司的产销现状，采用变动成本法才能准确地反映企业经营情况。

案例二：

答：（1）计算每类顾客的单位订单成本。

每份订单的成本＝4 500 000÷100 000＝45（美元）

第一类顾客的单位订单成本＝45÷600＝0.075（美元）

第二类顾客的单位订单成本＝45÷1 000＝0.045（美元）

第三类顾客的单位订单成本＝45÷1 500＝0.030（美元）

（2）订单处理成本降低了2 450 000美元［（45－20）×100 000－50 000］。

客户作业成本高可能是由于客户订单变化频繁、非标准化的供货要求或是对技术和销售人员的大量需求造成的。企业掌握了这些具体的信息后，就可以向客户说明这些要求所引起的成本，并促使客户与企业合作，采用一种花费较低的方式，以达到双赢的目的。通过作业成本法对客户成本的分析，管理者能更清晰地了解服务于各个客户需要进行哪些作业以及这些作业所消耗的资源，这样就为管理者降低成本、提高内部效率、增加利润提供了帮助。

# 第七章
# 营运管理会计

------------------------------------------------------------

## 学习目标

通过对本章的学习，学生应掌握现金管理、存货管理、应收账款管理、定价策略等内容以及生产决策方法的计算和应用。

## 学习指导

1. 学习重点
（1）理解最佳现金持有量的确定；
（2）掌握经济订货批量确定；
（3）理解生产决策的计算和应用；
（4）掌握应收账款管理。
2. 学习难点
（1）生产决策的计算和应用；
（2）经济订货批量确定。

## 练习题

一、名词解释

1. 储存成本

2. 订货成本

3. 缺货成本

4. 贡献毛益

5. 边际分析

6. 坏账成本

7. 最佳现金持有量

8. 经济订货批量

9. 市场定价法

10. 撇脂性定价法

11. 渗透性定价法

## 二、判断题

1. 对于亏损的产品来说，不存在是否应当增产的问题。 （　）
2. 由于外购零件而使得剩余生产能力出租获取的租金收入，应作为自制方案的机会成本。 （　）
3. 年订货成本与生产批次成反比，与生产批量成正比；储存成本与订货批次成正比，与订货批量成反比。 （　）
4. 凡是亏损的产品都应该停产。 （　）
5. 在"是否接受低价追加订货的决策"中，如果追加订货量大于剩余生产能力，必然会出现与冲击正常生产任务相联系的机会成本。 （　）
6. 装卸费用既是随购入数量变动的成本项目，又是发出一次订单而发生的成本。 （　）
7. 接货人员的工资及仓库租金并不随购入量、储存量或订单数的变动而变动，属于固定订货成本或固定储存成本，与决策无关。 （　）
8. 缺货成本大多属于机会成本，因为单位缺货成本计算困难，所以在进行决策时，不用估算单位缺货成本。 （　）
9. 渗透性定价法是在新产品试销初期以较低的价格进入市场，以期迅速获得市场份额，等到市场地位已经较为稳固的时候，再逐步提高销售价格。 （　）
10. 应收账款的功能是指其在生产经营中的作用，包括增加销售功能和减少存货功能。 （　）
11. 企业在做应收账款决策时，往往需要对客户进行信用的定性分析，定性分析一般采用 5C 信用评价系统，即评估申请人信用品质的五个方面：品质、能力、资本、抵押和条件。 （　）
12. 当某产品的销售收入小于变动成本时，企业应该停止生产该产品。 （　）
13. 决策分析的实质就是要从各种备选方案中做出选择，并一定要选出未来活动的最优方案。 （　）
14. 在短期经营决策中，所有的固定成本或折旧费都属于沉没成本。 （　）
15. 在有关产品是否进一步深加工的决策中，进一步加工前的半成品成本属于机会成本。 （　）

## 三、单项选择题

1. 某公司 2020 年生产某亏损产品的贡献毛益总额为 3 000 元，固定成本为 1 000元。假定 2021 年其他条件不变，但生产该产品的设备可对外出租，一年增加的收入为（　）元时，该公司应停产该种产品。

A. 2 001　　　　　　　　B. 3 000
C. 1 999　　　　　　　　D. 2 900

2. 在进行半成品是否进一步深加工决策时，企业应对半成品在加工后增加的收入和（　　）进行分析研究。

    A. 进一步加工前的变动成本　　　　　　B. 进一步加工前的全部成本

    C. 进一步加工追加的成本　　　　　　　D. 加工前后的全部成本

3. 某公司生产某种半成品 2 000 件，完成一定加工工序后，可以立即出售，也可以进一步深加工之后再出售。如果立即出售，售价为 15 元/件；如果深加工后出售，售价为 25 元/件，但要多付加工费 9 600 元。直接出售方案的相关成本为（　　）元。

    A. 50 000　　　　　　　　　　　　　　B. 30 000

    C. 9 600　　　　　　　　　　　　　　D. 0

4. 当企业利用剩余生产能力选择生产新产品，而且每种新产品都没有专属成本时，应将（　　）作为选择标准。

    A. 销量价格　　　　　　　　　　　　　B. 产销量

    C. 成本　　　　　　　　　　　　　　　D. 贡献毛益

5. 企业利用剩余生产能力接受追加订货的最低条件是客户的开价（　　）。

    A. 低于产品的单位成本　　　　　　　　B. 高于产品的单位变动成本

    C. 低于产品的单位变动成本　　　　　　D. 等于产品的单位变动成本

6. 在新产品试销初期先制定较高的价格，以后随着市场的逐步扩大，再逐步把价格降低。这种定价策略被称为（　　）。

    A. 成本加成定价法　　　　　　　　　　B. 撇脂性定价法

    C. 渗透性定价法　　　　　　　　　　　D. 市场定价法

7. 在有关产品是否进一步深加工的决策中，进一步加工前的半成品成本属于（　　）。

    A. 沉没成本　　　　　　　　　　　　　B. 机会成本

    C. 重置成本　　　　　　　　　　　　　D. 专属成本

8. 关于亏损产品 B 产品是否停产，企业应根据（　　）方法来决策。

    A. B 产品的贡献毛益如为正数，应停止生产

    B. B 产品的亏损数如能由盈利产品来弥补，也停止生产

    C. B 产品的贡献毛益如为正数，不应停止生产

    D. B 产品亏损数是否能由盈利产品来弥补，如能弥补，继续生产

9. 下列选项中，与经济订货量无关的是（　　）。

    A. 每日消耗量　　　　　　　　　　　　B. 每日供应量

    C. 储存变动成本　　　　　　　　　　　D. 订货提前期

10. 下列选项中，不属于订货成本的是（　　）。

    A. 采购部门的折旧费　　　　　　　　　B. 检验费

    C. 按存货价值计算的保险费　　　　　　D. 差旅费

11. 某公司使用材料 A，一次订购成本为 2 000 元，每单位成本为 50 元，经济订购批量为 200 个，单位资本成本为 10%，全年用量为 8 000 个单位。A 材料储存成本中的付现成本是（　　）元。

A. 8　　　　　　　　　　　　　B. 3
C. 4　　　　　　　　　　　　　D. 2

12. 在存货决策中，（　　）可以不考虑。
　　A. 订货成本　　　　　　　　　B. 固定订货成本
　　C. 变动订货成本　　　　　　　D. 变动储存成本

13. 下列选项中，不属于储存成本的是（　　）。
　　A. 企业自设仓库的水电费、空调费　　B. 采购人员的检验费
　　C. 陈旧报废损失　　　　　　　D. 按存货价值计算的保险费

14. 下列选项中，属于无关成本的是（　　）。
　　A. 沉没成本　　　　　　　　　B. 增量成本
　　C. 机会成本　　　　　　　　　D. 专属成本

15. 在经济决策中，应由选中的最优方案负担，并按所放弃的次优方案潜在受益计算的那部分资源损失，就是所谓的（　　）。
　　A. 增量成本　　　　　　　　　B. 机会成本
　　C. 专属成本　　　　　　　　　D. 沉没成本

16. 某公司需一种零部件，外购单价比自制单位变动成本高出 1.5 元，另外自制每年需追加固定成本 3 000 元。该公司每年对零部件的需求量为 3 000 件时，应（　　）。
　　A. 外购　　　　　　　　　　　B. 自制
　　C. 两者均可　　　　　　　　　D. 不能确定

17. 某公司根据存货模型确定的最佳现金持有量为 100 000 元，有价证券的年利率为 10%。在最佳现金持有量下，该公司与现金持有量相关的现金使用总成本为（　　）元。
　　A. 5 000　　　　　　　　　　B. 10 000
　　C. 15 000　　　　　　　　　　D. 20 000

18. 下列选项中，（　　）属于相关成本。
　　A. 沉没成本　　　　　　　　　B. 约束性成本
　　C. 联合成本　　　　　　　　　D. 差量成本

19. 在新产品试销初期以较低的价格进入市场，以期迅速获得市场份额，等到市场地位已经较为稳固的时候，再逐步提高销售价格的定价策略是（　　）。
　　A. 成本加成定价法　　　　　　B. 撇脂性定价法
　　C. 渗透性定价法　　　　　　　D. 市场定价法

20. 应收账款会占用企业一定量的资金，而企业若不把这部分资金投放于应收账款，便可以用于其他投资并可能获得收益。这种因投放于应收账款而放弃其他投资所带来的收益，称为应收账款的（　　）。
　　A. 机会成本　　　　　　　　　B. 管理成本
　　C. 坏账成本　　　　　　　　　D. 投资成本

## 四、多项选择题

1. 存货对制造业绝大部分企业来说是必需的，因为（　　）。
   A. 保证企业不间断地生产对原材料等需要，应有一定的储存量
   B. 满足产品销售批量经常变化的需要，应有足够的半成品、产成品存储量
   C. 保证企业均衡生产并降低生产成本，应有一定的存储量
   D. 避免或减少经营中可能出现失误，防止事故对企业造成的损失，应有一定的存储量

2. 计算经济订购批量时，不需用（　　）项目。
   A. 全年需要量　　　　　　　　　　B. 储存成本率
   C. 单位存货年储存成本　　　　　　D. 平均储存量

3. 下列选项中，属于联产品深加工决策方案可能需要考虑的相关成本有（　　）。
   A. 专属成本　　　　　　　　　　　B. 可分成本
   C. 机会成本　　　　　　　　　　　D. 增量成本

4. 在是否接受低价追加订货的决策中，如果发生了追加订货冲击正常任务的现象，就意味着（　　）。
   A. 不可能完全利用其绝对剩余生产能力来组织追加订货的生产
   B. 会因此带来机会成本
   C. 追加订货量大于绝对剩余生产能力
   D. 因追加订货必须追加专属成本

5. 下列选项中，属于生产经营决策的有（　　）。
   A. 亏损产品的决策　　　　　　　　B. 深加工的决策
   C. 调价的决策　　　　　　　　　　D. 最优售价的决策

6. 下列选项中，属于生产经营决策相关成本的有（　　）。
   A. 增量成本　　　　　　　　　　　B. 机会成本
   C. 专属成本　　　　　　　　　　　D. 沉没成本

7. 下列选项中，属于缺货成本的是（　　）。
   A. 停工期间的固定成本
   B. 因停工待料发生的损失
   C. 无法按期交货而支付的罚款
   D. 因采取应急措施补足存货而发生的超额费用

8. 某公司年需要 A 材料 2 000 千克，单价为 1 000 元，一次订货成本为 40 元，年储存成本为 1%，则其经济订货量（金额）、经济订货次数为（　　）。
   A. 经济订货量 400 千克　　　　　　B. 经济订货量 40 000 元
   C. 经济订货次数 5 次　　　　　　　D. 经济订货次数 6 次

9. 存货过多会导致（　　）。
   A. 占用大量的流动资金　　　　　　B. 增加仓库设施，扩大仓库容量
   C. 增加管理费用，提高产品成本　　D. 增加储存成本

10. 信用的定性分析是指对申请人"质"的方面的分析，一般采用 5C 信用评价系统，即评估申请人信用品质的五个方面。以下选项中，属于 5C 信用评价系统包含的内容是（　　　）。

    A. 条件　　　　　　　　　　B. 能力

    C. 资本　　　　　　　　　　D. 抵押

11. 应收账款信用条件是销货企业要求赊购客户支付货款的条件，包括的要素有（　　　）。

    A. 信用期　　　　　　　　　B. 现金折扣

    C. 商业折扣　　　　　　　　D. 收账政策

12. 营运资金管理应该遵循的原则包括（　　　）。

    A. 满足合理的资金需求

    B. 保证一定的盈利能力

    C. 保持足够的长期偿债能力

    D. 节约资金使用成本

13. 应收账款的主要功能包括（　　　）。

    A. 增加销售

    B. 降低闲置资金的数量

    C. 维持均衡生产

    D. 减少存货

14. 如果企业把信用标准定得过高，则会（　　　）。

    A. 降低违约风险

    B. 降低收账费用

    C. 降低销售规模

    D. 降低企业市场竞争能力

15. 下列关于商业信用筹资特点的说法中，正确的有（　　　）。

    A. 商业信用容易获得

    B. 企业一般不用提供担保

    C. 商业信用筹资成本较低

    D. 容易恶化企业的信用水平

**五、简答题**

1. 请简述应收账款的主要功能。

2. 应收账款的信用条件两要素是什么?

3. 存货成本由哪些内容构成?

4. 什么是增量成本?

5. 简述四种产品定价方法。

## 六、计算题

1. 某公司每年使用材料 A 为 8 000 个单位, 该材料储存成本中付现成本每单位为 4 元, 每单位成本为 60 元, 资本成本率为 20%, 每批订货成本为 1 000 元。

要求: 计算其经济订购量、经济订购批数和年最低成本合计。

2. 某公司使用存货模型确定最佳现金持有量。根据有关资料分析, 2020 年, 该公司全年现金需求量为 8 100 万元, 每次现金转换的成本为 0.2 万元, 持有现金的机会成本率为 10%。

要求: (1) 计算最佳现金持有量。

(2) 计算最佳现金持有量下的现金转化次数。

（3）计算最佳现金持有量下的现金交易成本。

（4）计算最佳现金持有量下持有现金的机会成本。

（5）计算最佳现金持有量下的相关总成本。

3. 某公司生产 A 产品需要甲材料 20 000 件，外购成本每件为 68 元。该公司已有的生产车间有能力制造甲材料，自制甲材料的单位相关成本如下：直接材料为 40 元，直接人工为 11 元，变动制造费用为 8 元，固定制造费用为 9 元。假设该公司现在具有足够的剩余生产能力，且剩余生产能力无法转移。

要求：该公司应该采用自制方案还是外购方案。

4. 某公司每年需用 A 零件 2 000 件，原由金工车间组织生产，年总成本为 19 000 元。其中，固定生产成本为 7 000 元。如果改从市场上采购，单价为 8 元，同时将剩余生产能力用于加工 B 零件，可节约外购成本 2 000 元。

要求：为该公司作出自制或外购 A 零件的决策，并说明理由。

5. 某公司生产 A 产品的生产能力为 10 000 件，目前正常订货量为 7 000 件，销售单价为 10 元。单位产品的相关生产资料如下：直接材料为 4 元，直接人工为 2 元，变动制造费用为 1 元，固定制造费用为 2 元。现有客户向该公司追加订货 3 500 件，且客户只愿意出价每件 8 元。已知剩余生产能力无法转移，追加订单不增加专属成本。

要求：该公司是否应该接受追加订单。

6. 某公司开展多品种经营，其中有一种变动成本率为80%的产品于2020年亏损了10 000元，其完全销售成本为110 000元。假定2021年市场销路、成本水平均不变。

要求：请用相关损益分析法就以下不相关的情况为企业做出有关该亏损产品的决策，并说明理由。

（1）假定与该亏损产品有关的生产能力无法转移，2021年是否继续生产该产品？

（2）假定与该亏损产品有关的生产能力可用于临时对外出租，租金收入为25 000元，2021年是否继续生产该产品？

7. 某公司生产A产品的生产能力为10 000件，目前正常订货量为7 000件，销售单价为12元。单位产品的相关生产资料如下：直接材料为4元，直接人工为3元，变动制造费用为1元，固定制造费用为2元。现有客户向该公司追加订货3 000件，且客户只愿意出价每件9元。已知剩余生产能力无法转移，且追加订单不增加专属成本。

要求：某公司是否应该接受追加订单。

8. 某公司生产A产品需要甲材料10 000件，外购成本每件为68元。该公司已有的生产车间有能力制造甲材料，自制甲材料的单位相关成本如下：直接材料为40元，直接人工为11元，变动制造费用为8元，固定制造费用为9元。若该公司现在具有足够的剩余生产能力，且剩余生产能力可以转移用于生产乙材料，每年可节省乙材料的外购成本为10 000元。

要求：该公司应该采用自制甲材料的方案还是外购甲材料的方案。

### 七、案例分析题

#### 案例一

H 公司的主要业务是生产家庭用品。H 公司现在的生产能力达到 80%，所赚取的利润也十分理想。CS 公司现在正在接触 H 公司的管理人员，表示有意购买 100 000 件 H 公司所生产的其中一款家庭用品。CS 公司也生产一款与该款家庭用品类似的产品，可是由于最近的一次洪水泛滥，使 CS 公司的工厂被迫停止生产。CS 公司需要 100 000 件该款产品以应付老客户未来 4 个月的需求。CS 公司愿意按每件 72 元的价格向 H 公司购买该款产品。根据现有资料，H 公司关于该款产品计算的成本如下：直接材料为 28 元，直接人工为 16 元，制造费用为 32 元，共 76 元。

制造费用是按每一个标准直接工时 64 元计算的，包括变动制造费用 24 元，固定制造费用 40 元，制造费用分配率为每小时 64 元。

销售家庭用品一般有一些额外的成本，包括按销售总额 7% 计算的销售佣金及每件产品 4 元的运费。但是，这些销售佣金和运费并不适用于 CS 公司这个特别的订单。在商定售价时，H 公司按产品成本加成 30% 计算。因此，H 公司拟定的销售价格是每件 98.80 元（76×130%）。可是，市场销售部门当前设定的售价为 92 元，以维持市场占有率。

CS 公司的订单增加了 H 公司的固定费用，金额为每月 60 000 元，主要是行政和管理费用。若 H 公司接受 CS 公司的订单，在未来 4 个月内，每月需要生产 25 000 件该款产品送到 CS 公司去。

要求：（1）编制一份财务评估计算表，并计算接受 CS 公司订单在财务上的影响。

（2）在不减少经营利润的前提下，计算管理部门可接受的最低每件售价。

（3）试述在上述分析中所做的假设，并讨论 H 公司需要考虑的其他组织或策略因素。

（资料来源：https://max.book118.com/html/2018/0425/163007157.shtm.原文有修改）

DN 公司生产 A、B 和 C 三种产品，标准变动成本资料如表 7-1 所示。

表 7-1　标准变动成本资料　　　　　　　　　　　　　单位：元

| 项目 | A | B | C |
|---|---|---|---|
| 直接材料 | 46 | 2.4 | 55 |
| 直接人工-X 级 | 15 | 11 | 5 |
| 直接人工-Y 级 | 3 | 9 | 27 |
| 变动成本 | 64 | 22.4 | 87 |

制造费用全部为固定成本，下年的预算固定制造费用是 1 200 000 元。X 级和 Y 级人工小时工资分别为 5.00 元和 3.00 元。市场销售部估计的销售预算如下：

A 产品：16 000 件，每件售价 112 元。

B 产品：28 000 件，每件售价 62 元。

C 产品：15 000 件，每件售价 102 元。

市场销售部经理在收到销售预算的资料后指出：

（1）年可供使用的 X 级人工工时只有 100 000 小时，超时工作不可行。DH 公司已准备了招聘及培训计划，两年后可供使用的 X 级人工工时将达到 125 000 小时。

（2）下年可供使用的 Y 级人工工时可高达 240 000 小时。

要求：（1）计算 DH 公司的每一种产品应生产多少才能使 DH 公司的利润达到最高。

（2）根据（1）的结果，对产品生产做出什么建议？简单解释你的建议中所做的假设。

（资料来源：https：//max.book118.com/html/2018/0425/163007157.shtm）

# 练习题参考答案

## 一、名词解释

1. 储存成本是指为储存存货而发生的各种费用，通常包括两大类：一是付现成本，包括支付给储运公司的仓储费、按存货价值计算的保险费、陈旧报废损失、年度检查费用以及企业自设仓库发生的所有费用；二是资本成本，即由于投资于存货而不投资于其他可盈利对象所形成的机会成本。

2. 订货成本是指为订购货物而发生的各种成本，包括采购人员的工资、采购部门的一般性费用（如办公费、水电费、折旧费、取暖费等）和采购业务费（如差旅费、邮电费、检验费等）。

3. 缺货成本是指由于存货数量不能及时满足生产和销售的需要而给企业带来的损失。

4. 贡献毛益是指企业销售收入扣除变动成本后的余额。

5. 边际分析是指分析某可变因素的变动引起其他相关可变因素变动的程度的方法，以评价既定产品或项目的获利水平，判断盈亏临界点，提示营运风险，支持营运决策。边际分析的方法主要有边际贡献分析、安全边际分析等。

6. 在赊销交易中，债务人由于种种原因无力偿还债务，债权人就有可能无法收回应收账款而发生损失，这种损失就是坏账成本。

7. 最佳现金持有量又称最佳现金余额，是指既使现金满足生产经营的需要，又使现金使用的效率和效益最高时的现金最低持有量。

8. 经济订货批量是指通过平衡采购进货成本和保管仓储成本核算，以实现总库存成本最低的最佳订货量。

9. 市场定价法是指对有活跃市场的产品，可以根据市场价格来定价，或者根据市场上同类或相似产品的价格来定价的方法。

10. 撇脂性定价法是指在新产品试销初期先制定较高的价格，以后随着市场规模的逐步扩大，再逐步把价格降低的方法。

11. 渗透性定价法是指在新产品试销初期以较低的价格进入市场，以期迅速获得市场份额，等到市场地位已经较为稳固的时候，再逐步提高销售价格的方法。

## 二、判断题

| | | | | |
|---|---|---|---|---|
| 1. × | 2. √ | 3. × | 4. × | 5. × |
| 6. √ | 7. √ | 8. × | 9. √ | 10. √ |
| 11. √ | 12. √ | 13. × | 14. × | 15. × |

## 三、单项选择题

| | | | | |
|---|---|---|---|---|
| 1. B | 2. C | 3. D | 4. D | 5. B |

| 6. B | 7. A | 8. C | 9. D | 10. C |
|------|------|------|------|-------|
| 11. B | 12. B | 13. B | 14. A | 15. B |
| 16. B | 17. B | 18. D | 19. C | 20. A |

## 四、多项选择题

| 1. ABCD | 2. BD | 3. ABC | 4. ABC | 5. AB |
|---------|-------|--------|--------|-------|
| 6. ABC | 7. ABCD | 8. BC | 9. ABCD | 10. ABCD |
| 11. AB | 12. AD | 13. AD | 14. ABCD | 15. ABD |

## 五、简答题

1. 请简述应收账款的主要功能。

答：应收账款的主要功能主要体现在增加销售功能和减少存货功能两个方面。

（1）增加销售功能。在激烈的市场竞争中，企业提供赊销可以有效地促进销售。因为企业提供赊销不仅向顾客提供了商品，也在一定时间内向顾客提供了购买该商品的资金，顾客将从赊销中得到好处。因此，赊销会带来企业销售收入和利润的增加。

（2）减少存货功能。企业持有一定产成品存货时，会相应地占用资金，形成仓储费用、管理费用等，产生成本。赊销可以避免这些成本的产生。因此，当企业的产成品存货较多时，一般会采用优惠的信用条件进行赊销，将存货转化为应收账款，节约支出。

2. 应收账款的信用条件两要素是什么？

答：应收账款的信用条件是销货企业要求赊购客户支付货款的条件，由信用期和现金折扣两个要素组成。

（1）信用期。信用期是企业允许顾客从购货到付款之间的时间，或者说是企业给予顾客的付款期间。

（2）现金折扣。现金折扣是企业对顾客在商品价格上的扣减。向顾客提供这种价格上的优惠，主要目的在于吸引顾客为享受优惠而提前付款，缩短企业的平均收款期。

3. 存货成本由哪些内容构成？

答：采购成本、订货成本、储存成本、缺货成本。

4. 什么是增量成本？

答：增量成本是指因实施某项具体方案而引起的成本。企业如果不采纳该方案，则增量成本就不会发生。广义的增量成本是指两个备选方案相关成本之间的差额，一般又称为差量成本。

5. 简述四种产品定价方法。

答：（1）成本加成定价法。成本加成定价法的基本思路是先计算成本基础，然后在此基础上加上一定的"成数"，通过"成数"获得预期的利润，以此得到产品的目标价格。

（2）市场定价法。市场定价法的基本思路是对于有活跃市场的产品，可以根据市场价格来定价，或者根据市场上同类或相似产品的价格来定价。

（3）新产品定价法。新产品的定价一般具有"不确定性"的特点。因为新产品还没有被消费者了解，所以需求量难以确定。企业对新产品定价时，通常要选择几个地区分别采用不同价格进行试销。通过试销，企业可以收集到有关新产品的市场反应信息，以此确定产品的最终销售价格。新产品定价基本上存在撇脂性定价和渗透性定价两种策略。

（4）有闲置能力条件下的定价方法。有闲置能力条件下的定价方法是指在企业具有闲置生产能力时，面对市场需求的变化所采用的定价方法。

### 六、计算题

1. 解：单位储存成本 $= 4+60\times20\% = 16$ （元）

$$经济订购批量 = \sqrt{\frac{2\times8\,000\times1\,000}{16}} = 1\,000 \text{（单位）}$$

$$经济订购批数 = \sqrt{\frac{8\,000\times16}{2\times1\,000}} = 8 \text{（次）}$$

年最低成本合计 $= \sqrt{2\times8\,000\times1\,000\times16} = 16\,000$ （元）

2. 解：（1）最佳现金持有量 $= \sqrt{\dfrac{2\times8\,100\times0.2}{10\%}} = 180$ （万元）

（2）现金转化次数 $= 8\,100\div180 = 45$ （次）

（3）现金交易成本 $= 45\times0.2 = 9$ （万元）

（4）最佳现金持有量下持有现金的机会成本 $= 180\div2\times10\% = 9$ （万元）

（5）最佳现金持有量下的相关总成本 $= 9+9 = 18$ 万元

$$\sqrt{2\times8\,100\times0.2\times10\%} = 18 \text{（万元）}$$

3. 解：甲材料自制相关单位成本 $= 40+11+8 = 59$ （元）

外购相关单位成本（68 元）>自制相关单位成本（59 元）

因此，该公司选择自制方案。

4. 解：单位变动成本 $= (19\,000-7\,000)\div2\,000 = 6$ （元）

自制的差别成本 $= 2\,000+2\,000\times6-2\,000\times8 = -2\,000$ （元）

因此，该公司选择自制方案。

5. 解：由于追加订货量超过企业的生产能力，影响企业的正常销量，若接受订单，需要减少正常订货量 500 件。

接受订单增加的收益 $= 3\,500\times(8-7)-500\times(10-7) = 2\,000$ （元）

因此，该公司应该接受追加订单。

6. 解：（1）销售收入 $= 110\,000-10\,000 = 100\,000$ （元）

变动成本 $= 100\,000\times80\% = 80\,000$ （元）

边际毛益 $= 100\,000-80\,000 = 20\,000$ （元）

因此，该公司可以生产。

（2）生产亏损产品的差量收益 $= 20\,000-25\,000 = -5\,000$ （元）

因此，该公司不可以生产。

7. 解：追加订货量未超过企业的生产能力，订单单价为9元。

单位变动成本 = 4+3+1 = 8（元）

接受订单可带来（9-8）×3 000 = 3 000元的贡献毛益。

因此，该公司应该接受追加订单。

8. 解：由于剩余生产能力可以转移生产乙材料，因此若该公司外购甲材料可以节省成本10 000元，相当于自制甲材料会增加机会成本10 000元。

自制产生的相关成本 = 10 000×（40+11+8）+10 000 = 600 000（元）

外购相关成本 = 10 000×68 = 680 000（元）

自制低于外购成本80 000元，因此该公司选择自制方案。

### 七、案例分析题

案例一：

答：（1）本案例需要计算增量成本。增量成本就是因实施某项行动而发生的成本，如果没有该项行动，则增量成本可以避免。增量成本是相关成本，因为它的发生直接受决策影响，即如果执行决策方案，增量成本就会发生；反之，则可以避免。例如，某企业决定是否接受某项特殊订单，额外变动成本（特定订单数量×单位变动成本）就是增量成本，即相关成本。如果接受该订单，变动成本就会发生；如果不接受该订单，变动成本就不发生。

本案例中，H公司接受该特别订单的相关收入 = 100 000×72 = 7 200 000（元）

H公司的相关成本如表7-2所示。

表7-2 H公司的相关成本 单位：元

| 变动成本 | 每件成本 | 总成本 |
|---|---|---|
| 直接材料 | 28 | 2 800 000 |
| 直接人工 | 16 | 1 600 000 |
| 变动制造费用 | 12 | 1 200 000 |
| 合计 | 56 | 5 600 000 |
| 固定制造费用（4×60 000） | — | 240 000 |
| 相关成本合计 | — | 5 840 000 |
| 增加的利润 | — | 1 360 000 |

每件产品生产工时 = 32÷64 = 0.5（小时）

每件产品变动制造费用 = 24×0.5 = 12（元）

（2）H公司可收取的最低价格 = 5 840 000÷100 000 = 58.40（元/件）

（3）以上所计算的数字中含有以下假设：

①销售佣金与运费不适用于本订单。

②正常生产的固定制造费用维持不变。

③额外订单的生产量、材料采购等，按现时可达到的生产能力进行。

④CS 公司接受 H 公司的标准产品，不用对产品进行加工修改。

此外，H 公司需要考虑以下有关组织及策略的因素：

①在预计生产量范围内对成本预测是否准确。

②接受该订单对按正常售价销售产生的影响。

③以后与 CS 公司合作或交易的可能性。

④H 公司打入 CS 公司所服务的市场的潜力。

⑤该额外订单所耗的生产能力，是否会超出最大生产负荷。

⑥额外工作对制造及保养维修时间的安排是否会产生影响等。

案例二：

答：（1）本案例为生产资源（人工工时）受到限制时的决策，应计算各种产品的单位资源贡献毛益，以决定生产安排。根据预算产量，所需 X 级、Y 级人工工时总数如表 7-3 所示。

表 7-3　X 级、Y 级人工工时总数

| 产品 | 单位产品所需工时/小时 | | 预算产销量/件 | 所需工时总数/小时 | |
|---|---|---|---|---|---|
| | X 级 | Y 级 | | X 级 | Y 级 |
| A | 3.0 | 1.0 | 16 000 | 48 000 | 16 000 |
| B | 2.2 | 3.0 | 28 000 | 61 600 | 84 000 |
| C | 1.0 | 9.0 | 15 000 | 15 000 | 135 000 |
| 合计 | | | | 124 600 | 235 000 |

其中：

单位产品所需工时＝单位产品标准直接人工成本÷小时工资

X 级单位 A 产品工时＝15.00÷5.00＝3.0（小时）

X 级单位 B 产品工时＝11.00÷5.00＝2.2（小时）

X 级单位 C 产品工时＝5.00÷5.00＝1.0（小时）

Y 级单位 A 产品工时＝3.00÷3.00＝1.0（小时）

Y 级单位 B 产品工时＝9.00÷3.00＝3.0（小时）

Y 级单位 C 产品工时＝27.00÷3.00＝9.0（小时）

某产品所需工时总数＝单位产品工时×该产品的预算产销量

X 级 A 产品所需工时总数＝3.0×16 000＝48 000（小时）

Y 级 A 产品所需工时总数＝1.0×16 000＝16 000（小时）

通过上述计算可见，DN 公司在下年将有足够的 Y 级人工应付生产，但 X 级人工受到限制，只有到两年后才有足够的工时。

单位小时贡献毛益如表 7-4 所示。

表 7-4 单位小时贡献毛益

| 项目 | A | B | C |
|---|---|---|---|
| 单位售价/元 | 112.00 | 62.00 | 102.00 |
| 单位变动成本/元 | 64.00 | 22.40 | 87.00 |
| 单位贡献毛益/元（$a$） | 48.00 | 39.60 | 15.00 |
| 每件所需的 X 级工时/小时（$b$） | 3.0 | 2.2 | 1.0 |
| 每个 X 级工时的贡献毛益/元（$a/b$） | 16 | 18 | 15 |
| 安排制造的优先次序 | 2 | 1 | 3 |

因此，在有限的 X 级工时条件下，DH 公司的利润达到最高，应做如表 7-5 所示的生产安排。

表 7-5 生产安排

| 产品 | 生产件数/件 | 所需的 X 级工时/小时 |
|---|---|---|
| A | 12 800 | 38 400（余数） |
| B | 28 000 | 61 600 |
| 合计 | | 100 000 |

A 产品生产量 = 38 400÷3.0 = 12 800（件）

（2）建议是停产 C 产品，把 A 产品的产量降至低于预算所需水平，并将 B 产品的产量维持在 28 000 件。建议中做了以下假设：

①各种产品产量改变对 B 产品的需求量没有负面影响。

②预算销量比较准确，最低限度需求的估计是比较保守的，所生产的产品都能卖掉。

③固定成本不会因为停产任何产品而减少。

# 第八章
# 绩效管理会计

--------------------------------------------------------

## 学习目标

通过对本章的学习，学生应了解绩效考核作为管理会计的一项重要职能和工作，对投资者和管理者的管理都具有重要意义，从而在掌握业绩考核基本思路和方法的基础上，形成针对不同管理需要进行有效的绩效考核的能力。

## 学习指导

1. 学习重点

（1）掌握以企业为主体的绩效考核指标及其运用，并了解杜邦分析体系的作用；

（2）掌握以责任中心为主体的业绩考核的方法和运用，并有效运用指标评价成本中心、利润中心和投资中心的绩效，了解剩余收益和经济增加值（EVA）之间的逻辑发展关系；

（3）掌握经济增加值的概念、基本理念和基本模型体现的管理内涵，理解经济增加值调整的意义，了解与传统业绩考核指标相比，经济增加值具有的优点；

（4）掌握平衡计分卡的基本框架和内容及采用平衡计分卡进行行业业绩考核的优点，并有效运用平衡计分卡评价其不同类型企业的业绩。

2. 学习难点

（1）如何从投资者与各级管理者的角度理解和把握业绩考核的内涵、方法、应用；

（2）如何从投资者与管理者相结合的角度理解和把握业绩考核的内涵、方法、应用；

（3）理解基于经济增加值、企业战略的业绩考核体系和传统业绩考核体系的差异。

# 练习题

## 一、名词解释

1. 杜邦分析法

2. 责任会计

3. 成本中心

4. 自然利润中心

5. 人为利润中心

6. 投资中心

7. 内部转移价格

8. 经济增加值

9. 平衡计分卡

## 二、判断题

1. 企业越是下放经营管理权，越要加强内部控制。因此，很多大型企业将各级、各部门按其权利和责任的大小划分为各种责任中心，实施分权管理。　（　　）

2. 对企业来说，几乎所有的成本都可以视为可控成本，一般不存在不可控成本。　（　　）

3. 利润中心获得的利润中对该利润中心有不可控的影响时，可以不进行调整。　（　　）

4. 通常，利润中心被看成一个可以用利润衡量其业绩的组织单位，因此凡是可以计量出利润的单位都是利润中心。　（　　）

5. 企业内部转移价格无论怎么变动，企业利润总额都不变，变动的只是企业内部各责任中心的收入或利润的分配份额。　（　　）

6. 以剩余收益指标评价投资中心的业绩时，企业可以使业绩考核与企业目标协调一致，但是该指标不利于不同部门之间的比较。　（　　）

7. 剩余收益和投资报酬率可以起到互补作用，剩余收益弥补了投资报酬率的不足，可以在投资决策方面使投资中心利益与企业利益取得一致，并且也可以用于两个规模不同的投资中心进行横向比较。　（　　）

8. EVA 是调整后的税后净营业利润扣除企业全部资本经济价值的机会成本后的余额，突出反映了股东价值的增量。　（　　）

9. 转让价格将决定两个部门如何分享利润，当转让品有外部市场时，应优先考虑内部转让，因为对质量和交付将有更多的控制。　（　　）

10. 不直接决定某项成本的人员，即使对该项成本的支出施加重要影响，也不应对该项成本承担责任。　（　　）

## 三、单项选择题

1. 责任会计产生的直接原因是（　　）。
   A. 行为科学的产生和发展　　　　B. 运筹学的产生和发展
   C. 分权管理　　　　　　　　　　D. 跨国公司的产生

2. 若公司的生产部门、采购部门都是成本中心，由于材料质量不合格造成的生产车间超过消耗定额成本差异部分应由（　　）负担。
   A. 生产车间　　　　　　　　　　B. 采购部门
   C. 生产车间和采购部门共同　　　D. 企业总部

3. （　　）把企业的使命和战略转变为目标和各种指标，它并不是对传统战略和评估方法的否定，而是对其的进一步发展和改进。
   A. 剩余收益　　　　　　　　　　B. 经济附加值
   C. 业绩金字塔　　　　　　　　　D. 平衡计分卡

4. 利润中心不具有（　　　）。

  A. 价格制定权　　　　　　　　　　B. 投资决策权

  C. 生产决策权　　　　　　　　　　D. 销售决策权

5. 成本中心的责任成本是指（　　　）。

  A. 产品成本　　　　　　　　　　　B. 生产成本

  C. 可控成本　　　　　　　　　　　D. 不可控成本

6. 杜邦财务分析体系是以（　　　）为中心指标，经过层层分解所形成的指标评价体系。

  A. 权益报酬率　　　　　　　　　　B. 销售净利率

  C. 资产周转率　　　　　　　　　　D. 权益乘数

7. 权益乘数不可以表述为以下计算公式（　　　）。

  A. 权益乘数＝所有者权益/资产

  B. 权益乘数＝1÷（1-资产负债率）

  C. 权益乘数＝资产/所有者权益

  D. 权益乘数＝1+产权比率

8. 杜邦财务分析体系是利用财务比率之间的关系来综合分析评价企业的财务状况，在所有比率中最综合、最具有代表性的财务比率是（　　　）。

  A. 资产报酬率　　　　　　　　　　B. 权益报酬率

  C. 权益乘数　　　　　　　　　　　D. 资产周转率

9. 不能直接影响企业的权益报酬率的指标是（　　　）。

  A. 权益乘数　　　　　　　　　　　B. 销售净利率

  C. 总资产周转率　　　　　　　　　D. 股利支付比率

10. 企业 2020 年度相关财务指标如下：资产负债率为 50%，销售净利率为 8%，总资产周转次数为 4 次，则权益报酬率为（　　　）。

  A. 56%　　　　　　　　　　　　　B. 72%

  C. 64%　　　　　　　　　　　　　D. 48%

11. 在计算投资中心的投资报酬率时，最常用的衡量回报的方法是（　　　）。

  A. 税后利润　　　　　　　　　　　B. 税前利润

  C. 息税前利润　　　　　　　　　　D. 利息、税项、折旧及摊销前利润

12. 当产品或劳务的市场价格不止一种，供求双方有权在市场上销售或采购，且供应部门的生产能力不受限制时，应当作为内部转移价格的是（　　　）。

  A. 成本转移价格　　　　　　　　　B. 市场价格

  C. 双重市场价格　　　　　　　　　D. 协商价格

13. 某公司有许多部门，使用投资回报率（ROI）和剩余收益（RI）措施进行评估。截至 2020 年 12 月 31 日，华南分部的净资产为 2 400 万元。在截至 2021 年 12 月 31 日的年度内，该公司的息税前利润为 360 万元，支付利息为 60 万元。其资本成本为 12%。到 2021 年 12 月 31 日为止，ROI 和 RI 的正确组合是（　　　）。

  A. ROI 为 12.5%，RI 为 72 万元

  B. ROI 为 12.5%，RI 为 300 万元

C. ROI 为 15.0%，RI 为 72 万元

D. ROI 为 15.0%，RI 为 300 万元

14. 某公司监控上一年度开发的产品占总销售额的百分比。在平衡计分卡中，这种测量方法属于平衡计分卡的（　　　）。

    A. 财务角度　　　　　　　　　　B. 客户角度

    C. 内部业务流程角度　　　　　　D. 学习和成长角度

15. （　　　）是一个公司要鼓励使用非财务绩效指标的原因。

    A. 鼓励短期主义　　　　　　　　B. 看企业的更全面的情况

    C. 使结果易于操纵，有利于管理者　D. 防止目标一致

## 四、多项选择题

1. 下列各企业内部单位中，可以成为责任中心的有（　　　）。

    A. 分公司　　　　　　　　　　　B. 地区工厂

    C. 车间　　　　　　　　　　　　D. 班组

2. 完全的自然利润中心应具有（　　　）。

    A. 产品销售权　　　　　　　　　B. 产品定价权

    C. 材料采购权　　　　　　　　　D. 生产决策权

3. 某公司生产车间的费用对于（　　）来说是可控成本。

    A. 公司厂部　　　　　　　　　　B. 生产车间

    C. 生产车间下属班组　　　　　　D. 辅助生产车间

4. 下列有关成本责任中心的说法中，正确的是（　　　）。

    A. 成本责任中心不对生产能力的利用程度负责

    B. 成本责任中心不进行设备购置决策

    C. 成本责任中心不对固定成本负责

    D. 成本责任中心应严格执行产量计划，不应超产或减产

5. 下列说法中，正确的是（　　　）。

    A. 下级成本中心的可控成本必然为上级成本中心可控

    B. 利润中心的可控成本必然为投资中心的可控成本

    C. 某项成本是否为某一责任中心可控，不仅取决于该责任中心的业务内容，而且取决于该责任中心所管辖的业务内容的范围

    D. 凡是直接成本均为可控成本

6. 由于不同类型、不同层次的利润中心可控范围不同，因此用于考核与评价利润中心的指标有（　　　）。

    A. 投资报酬率　　　　　　　　　B. 毛利

    C. 剩余收益　　　　　　　　　　D. 部门贡献毛益

7. 经济附加值与传统财务指标的最大不同就是充分考虑了投入资本的机会成本，使得经济附加值具有（　　　）的突出特点。

    A. 度量的是资本利润　　　　　　B. 度量的是企业的利润

    C. 度量的是资本的社会利润　　　C. 度量的是资本的超额收益

8. 平衡计分卡通过（　　　）指标体系设计来阐明和沟通企业战略，促使个人、部门和组织的行动方案达成一致和协调，以实现企业价值最大化和长期发展的目标。

  A. 客户维度         B. 内部运营维度

  C. 学习与成长维度      D. 企业使命维度

9. 下列选项中，可能直接影响企业权益报酬率指标的措施有（　　　）。

  A. 提高销售净利润率      B. 提高资产负债率

  C. 提高资产周转率       D. 提高流动比率

10. 从杜邦等式可知，提高资产报酬率的途径有（　　　）。

  A. 加强负债管理，提高负债比率   B. 加强资产管理，提高资产周转率

  C. 加强销售管理，提高销售净利率   D. 增强资产流动性，提高流动比率

## 五、简答题

1. 试简述以企业为主体的业绩考核指标体系。

2. 试简述以责任中心为主体的业绩考核指标体系。

3. 试简述考核评价指标从基于利润到剩余收益再到 EVA 的发展。

4. 试简述平衡计分卡的基本框架和应用步骤。

### 六、计算题

1. 某投资中心 2020 的资产总额为 10 000 万元，部门贡献毛益为 2 500 万元，现在有一个投资报酬率为 15% 的机会，投资额为 5 000 万元，每年部门贡献毛益为 700万元，资本成本率为 10%。

要求：（1）计算该投资中心目前的投资报酬率。

（2）该投资中心是否接受新的投资项目？分别计算投资报酬率和剩余收益来说明。

2. A 公司 2020 年的销售收入为 40 000 元，营业资产为 16 000 元；B 公司 2020年的销售收入为 1 000 000 元，营业资产为 20 000 元。如果 A、B 两家公司均希望其2020 年的投资利润率达到 15%。

要求：分别计算 A 公司、B 公司 2020 年的销售利润率。

3. 某投资中心投资额为 100 000 元，年净利润额为 18 000 元，企业为该投资中心规定的投资利润率为 15%。

要求：计算该投资中心的投资利润率和剩余收益。

4. 某公司的 A 投资中心投资利润率为 18%，营业资产为 500 000 元，营业利润为 100 000 元。现有一项业务，A 投资中心需要借入资金 200 000 元，可获利68 000元。

要求：（1）若以投资利润率作为评价和考核 A 投资中心的依据，A 投资中心是否愿意投资这项新的业务？

（2）若以剩余收益作为评价和考核 A 投资中心工作成果的依据，新项目要求的最低收益率为 15%，A 投资中心是否愿意投资这个新项目？

## 七、案例分析题

### 案例一

某公司有两个部门：L 部门和 M 部门。两个部门都生产一种统一的标准化产品。L 部门生产 L 部件，供应给 M 部门和外部客户。M 部门使用 L 部件和其他材料生产 M 产品，然后将完成的 M 产品卖给外部客户。目前，M 部门一直从 L 部门购买 L 部件。L 部件和 M 产品信息如表 8-1 所示。

表 8-1　L 部件和 M 产品信息

| 项目 | L 部件 | M 产品 |
| --- | --- | --- |
| 销售价格/元 | 40 | 96 |
| 直接材料： | | |
| 　　L 部件/元 | | 40 |
| 　　其他材料/元 | 12 | 17 |
| 直接人工/元 | 6 | 9 |
| 变动费用/元 | 2 | 3 |
| 销售费用/元 | 4 | 1 |
| 固定成本前单位贡献/元 | 16 | 26 |
| 年固定成本/元 | 500 000 | 200 000 |
| 年企业外需求量/件 | 160 000 | 120 000 |
| 企业产能/元 | 300 000 | 130 000 |

L 部门对 M 部门和外部客户收取相同的 L 部件价格。内部转让不收取销售费用。M 部门刚刚接触了一个新的供应商，供应商提出以 37 元的单价提供 L 部件。在此报价之前，M 部门从公司外部购买 L 部件的最低单价是 42 元。公司总部的政策是让各部门完全不受干扰地自主运作。

要求：（1）如果 M 部门接受新供应商的供货，计算公司每件零部件的利润变化。如果要使公司利润最大化，L 部门应向 M 部门销售多少零部件？

（2）利用（1）计算的数量和当前转让价格，计算各部门和公司的年度利润总额。

（3）讨论如果转让价格保持不变将出现的问题。

## 案例二

甲银行是一家总部设在 C 国的银行，在 C 国共有 65 家分行，为客户提供网上银行（通过电脑获取服务）和电话银行（通过电话与客户服务代理人联系）服务。最近，甲银行还开始向客户提供一系列手机银行服务，客户可以通过智能手机和平板电脑访问这些服务。甲银行的客户群由个人客户和商业客户两部分组成。甲银行提供的服务范围包括日常账户、储蓄账户、信用卡、商业和个人贷款、购买不动产抵押贷款。甲银行的愿景是成为"回馈客户的银行"，目的是"帮助人民和企业过上更好的生活，实现他们的雄心壮志"。为了实现这一目标，甲银行的价值表述如下：

（1）把顾客的需求放在首位。这包括预测和理解顾客的需求，使尽可能多的顾客能够接触到产品和服务。甲银行最近在信息技术安全方面投入巨资，以防止欺诈行为，并投资为残疾人及视力障碍人士提供更多服务。

（2）使业务简单化。这包括抓住简化活动的机会和实现清晰公开的沟通。

（3）为所服务的社区做出改变。这包括帮助弱势群体和新业主，并支持中小企业的发展，在任何时候都做到公平和负责任。

甲银行平衡计分卡如表 8-2 所示。

表 8-2　甲银行平衡计分卡

| 甲银行 2020 年绩效 | 实际 | 目标 |
| --- | --- | --- |
| 财务维度 | | |
| 1. 资本回报率（ROCE）/% | 11 | 12 |
| 2. 利息收入/元 | 7 500 000 | 7 000 000 |
| 3. 净利息差额（利息收入差额）/% | 2.4 | 2.5 |
| 4. 中小企业新增贷款金额/元 | 135 000 000 | 150 000 000 |
| 客户维度 | | |
| 1. 首次发放住房抵押贷款/笔 | 86 000 | 80 000 |
| 2. 每千人投诉人数/人 | 1.5 | 2 |
| 3. 为视力障碍人士设置的自动提款机数量/台 | 120 | 100 |
| 4. 安装的轮椅坡道数量/条 | 55 | 50 |

表8-2（续）

| 甲银行 2020 年绩效 | 实际 | 目标 |
|---|---|---|
| 内部业务流程维度 | | |
| 1. 银行内部业务流程简化的数量/项 | 110 | 100 |
| 2. 通过手机银行增加的新服务/项 | 2 | 5 |
| 3. 每千人信用卡欺诈事件/项 | 3 | 10 |
| 4. 二氧化碳排放量/吨 | 430 000 | 400 000 |
| 学习与成长维度 | | |
| 1. 接受向中小企业提供咨询服务培训的员工人数/人 | 1 300 | 1 500 |
| 2. 支持社区项目的时间（银行支付）/小时 | 1 020 000 | 1 000 000 |
| 3. 支持社区组织的数量/个 | 7 250 | 7 000 |

要求：（1）为什么平衡计分卡方法在衡量甲银行的业绩方面比仅使用财务业绩衡量方法的传统方法更有用？

（2）利用提供的所有信息，包括甲银行的愿景和价值观，讨论甲银行在 2021 年的业绩（注意：使用平衡计分卡的四个维度中的每一个维度来展开讨论）。

# 练习题参考答案

## 一、名词解释

1. 杜邦分析法是利用几种主要的财务比率之间的关系来综合分析企业财务状况的一种方法。杜邦分析法主要评价公司盈利能力和股东权益回报水平，是从财务角度评价企业绩效的一种经典方法。其基本思想是将企业权益报酬率逐级分解为多项财务比率的乘积，从而有助于深入分析和比较企业经营业绩。

2. 责任会计是指以企业内部的各个责任中心为会计主体、以责任中心可控的资金运动为对象、对责任中心进行控制和考核的一种会计制度。责任会计是伴随着会计核算和会计管理向企业内部纵深发展而产生的一种服务于企业内部管理的会计制度。这种制度要求将企业内部按照可控责任划分为各个责任中心，然后为每个责任中心编制责任预算并按责任中心组织核算工作，最后通过预算与实际执行结果的比较分析来考核各个责任中心的业绩，并兑现奖惩。

3. 成本中心是指只发生成本（费用）而不取得收入的责任中心。任何只发生成本的责任领域都可以确定为成本中心。企业对这类责任中心只是考核成本，而不考核其他内容。

4. 自然利润中心是指既要产生成本，又能对外销售产品，取得实际销售收入的责任中心。

5. 人为利润中心是指既要产生成本，又能取得内部销售收入的责任中心。人为利润中心的产品并不直接对外销售，而是以包含利润的内部结算价格提供给企业内部的其他单位。

6. 投资中心是指既要发生成本又能取得收入、获得利润，还有权进行投资的责任中心。该责任中心不仅要对责任成本、自然利润负责，还要对投资额收益负责。投资中心应拥有较大的生产经营决策权，实际上相当于一个独立核算的企业，如总公司下属的独立核算的分公司或分厂。

7. 内部转移价格是指在责任会计体系中，企业内部的每一个责任中心都是作为相对独立的商品生产经营者存在的，为了分清经济责任，各责任中心之间的经济往来应当按照等价交换的原则实行"商品交换"。各责任中心之间相互提供商品（或劳务）时，要按照一定的价格，采用一定的结算方式进行计价结算。这种计价结算并不真正动用企业货币资金，而是一种观念上的货币结算，是一种资金限额指标的结算。计价结算过程中使用的价格称为内部转移价格或内部结算价格。

8. 经济增加值是指调整后的税后净营业利润（NOPAT）扣除企业全部资本经济价值的机会成本后的余额。

9. 平衡计分卡把企业的使命和战略转变为目标和各项指标，并不是对传统战略和评估方法的否定，而是对其进一步的发展和改进，在保留财务层面的基础上，又加上了客户、内部业务流程、学习和成长三个方面。平衡计分卡通过四大指标体系设计来阐明和沟通企业战略，使个人、部门和组织的行动方案达成一致与协调，以实现企业价值最大化和长期发展的目标。

二、判断题

1. √　　　2. √　　　3. ×　　　4. ×　　　5. √
6. √　　　7. ×　　　8. √　　　9. √　　　10. ×

三、单项选择题

1. C　　　2. B　　　3. D　　　4. B　　　5. C
6. A　　　7. A　　　8. B　　　9. D　　　10. C
11. C　　 12. C　　 13. C　　 14. D　　 15. B

四、多项选择题

1. ABCD　　2. ABCD　　3. AB　　4. BD　　5. ACD
6. BD　　　7. ACD　　　8. ABC　　9. ABC　　10. ABC

## 五、简答题

**1. 试简述以企业为主体的业绩考核指标体系。**

答：以企业为主体的业绩考核最初以考核利润为目标，后来以考核权益报酬率为目标，往往追求企业利润最大化或股东财富最大化。这种评价指标体系主要运用于企业所有者对企业最高管理层的业绩考核，此外也可以用于企业上级管理层对下级管理层的业绩考核。

（1）基于利润的业绩考核指标。由于利润是企业一定期间内经营收入和经营成本、费用的差额，反映了当期经营活动中的投入与产出的对比结果，在一定程度上体现了企业经济效益的高低，因此追求利润最大化往往可以给企业利益相关者带来好处。

基于利润的业绩考核指标往往根据考核的需要而定，主要包括营业利润率、成本费用利润率、投资报酬率、权益报酬率和资产报酬率等。上市公司经常采用每股收益、每股股利等指标。

（2）基于权益报酬率的杜邦分析体系。杜邦分析法是利用几种主要的财务比率指标之间的关系来综合分析企业财务状况的一种方法。杜邦分析法克服了传统评价指标只能从某一特定角度对企业财务状况和经营成果进行分析的局限性。其基本思想是将企业权益报酬率逐级分解为多项财务比率指标的乘积，从而有助于深入分析和比较企业的经营业绩。

**2. 试简述以责任中心为主体的业绩考核指标体系。**

答：（1）成本中心。因为成本中心只负责控制和报告成本，所以成本中心业绩评价的主要指标是生产效率、标准成本与成本差异的报告等。责任成本差异是指责任成本实际数与责任成本预算数之间的差额，反映了责任成本预算的执行结果。责任成本考核是对责任成本预算指标完成情况所进行的考察、审核以及对责任成本中心的工作绩效所进行的评价。为此，成本中心业绩考评的主要指标是责任成本及其增减额、升降率以及与其他作业相关的非财务指标等。

（2）利润中心。对利润中心工作进行考核的重要指标是其可控利润，即责任利润。如果利润中心获得的利润中存在该利润中心不可控因素的影响，则必须进行调整。将利润中心的实际责任利润与责任利润预算进行比较，可以反映出利润中心责任利润预算的完成情况。不同类型、不同层次的利润中心的可控范围不同，用于评价的责任利润指标也不同，具体有毛利、贡献毛益和营业利润三种不同层次的指标。

（3）投资中心。投资中心不仅要对成本、利润负责，而且必须对投资收益负责。企业对投资中心进行业绩考评时，既要评价其成本和收益的状况，又要结合其投入资金全面衡量其投资报酬率的大小和投资效果的好坏。一般来说，投资中心的业绩考评有两个重要的财务指标，即投资报酬率和剩余收益。

**3. 试简述考核评价指标从基于利润到剩余收益再到 EVA 的发展。**

答：由于利润是企业一定期间经营收入和经营成本、费用的差额，因此基于利润的业绩考核与评价指标反映了当期经营活动中投入与产出对比的结果。但是由于利润是根据会计报表信息直接计算出来的，而会计报表的编制受到会计制度的约束，因此不能准确反映企业的财务状况和经营成果。利润的计算没有扣除公司权益资本的成本，导致成本计算不完全，无法准确判断企业为股东创造的财富数量，只能在一定程度上体现企业经营效益的高低。剩余收益评价指标是根据企业获得的利润，扣除其净资产占用额（或投资额）按照规定或预期的最低收益率计算投资收益后的余额，是一个部门的营业利润超过其预期最低收益的部分。EVA 评价指标充分考虑投入资本的机会成本，它可以提供一种可靠的尺度来反映管理行为是否增加了股东财富以及增加股东财富的数量。企业 EVA 持续增长意味着企业市场价值和股东财富的增加，从而实现股东财富最大化的财务目标。

4. 试简述平衡计分卡的基本框架和应用步骤。

答：平衡计分卡主要包括四个维度。

（1）财务维度。尽管财务指标的及时性和可靠性受到质疑，但是财务指标仍然具有其他指标不可替代的功能。财务绩效指标可以显示企业的战略及其实施和执行是否正在为最终经营结果的改善做出贡献。财务维度的指标衡量的主要内容是收入的增长、收入的结构、降低成本、提高生产率、资产的利用和投资战略等。

（2）客户维度。平衡计分卡要求企业将使命和策略诠释为具体的与客户相关的目标和要点。在这个过程中，企业应当关注是否满足核心顾客的需求，而不是企图满足所有客户的偏好。客户维度的指标衡量的主要内容是市场份额、老客户挽留率、新客户获得率、顾客满意度、从客户处获得的利润率等。

（3）内部业务流程维度。建立平衡计分卡的顺序，通常是在制定财务和客户维度的目标和指标后，才制定企业内部流程维度的目标和指标。这个顺序使企业能够抓住重点，专心衡量那些与股东和客户目标息息相关的流程。内部运营维度指标主要涉及企业的改良、创新过程、经营过程和售后服务过程。

（4）学习与成长维度。学习和成长维度的目标为其他三个维度的目标提供了基础架构，是驱使上述平衡计分卡三个维度获得卓越成功的动力。学习和成长维度指标涉及员工的能力、信息系统的能力以及激励、授权和相互配合等。

平衡计分卡的发展过程中特别强调描述策略背后的因果关系，借助客户维度、内部业务流程维度、学习与成长维度的评估指标的完成而达到最终的财务维度的目标。每个企业都可以根据自身的情况来设计各自的平衡计分卡，大体上可以遵循以下四个步骤：

（1）定义企业战略。

（2）就战略目标取得一致意见。

（3）选择和设计评价指标。

（4）制订实施计划。

## 六、计算题

1. 解：（1）投资报酬率＝营业利润÷投资占用额＝2 500÷10 000＝25%

（2）对整个企业来说，由于新项目的投资报酬率高于资本成本率，应当利用这个投资机会。但是，对于该投资中心来说，此时：

投资报酬率＝营业利润/投资占用额

$$= (2\ 500 + 700) \div (10\ 000 + 5\ 000) = 21.3\% < 25\%$$

因此，该投资中心会放弃这个项目。如果使用剩余收益作为评价标准，此时：

目前部门剩余收益＝部门贡献毛益－部门资产总额 × 资本成本率

$$= 2\ 500 - 10\ 000 \times 10\% = 1\ 500（万元）$$

接受投资方案后剩余收益＝部门贡献毛益－部门资产总额 × 资本成本率

$$= (2\ 500 + 700) - (10\ 000 + 5\ 000) \times 10\%$$

$$= 1\ 700（万元）> 1\ 500（万元）$$

因此，该投资中心应该接受新项目。

2. 解：根据公式：投资利润率＝销售利润率×资产周转率

$$= 销售利润率×销售收入÷营业资产$$

由此可得：

销售利润率＝投资利润率×营业资产÷销售收入

A 公司的销售利润率＝15%×16 000÷40 000＝6%

B 公司的销售利润率＝15%×20 000÷100 000＝3%

3. 解：投资利润率＝营业利润÷营业资产

$$= 18\ 000 \div 100\ 000 = 18\%$$

剩余收益＝营业利润－营业资产×最低收益率

$$= 18\ 000 - 100\ 000 \times 15\% = 3\ 000（元）$$

4. 解：（1）投资利润率＝营业利润÷营业资产

增加一项新业务后的投资利润率为：

投资利润率＝（100 000+68 000）÷（500 000+200 000）

$$= 168\ 000 \div 700\ 000 = 24\%$$

由以上计算可知，投入新项目可以使 A 投资中心的投资利润率由原来的18%提高到24%，因此 A 投资中心愿意投资该项新的业务。

（2）剩余收益＝营业利润－营业资产×最低收益率

投资新业务前的剩余收益＝100 000－500 000×15%＝25 000（元）

投资新业务后的剩余收益＝（100 000+68 000）－（500 000+200 000）×15%

$$= 168\ 000 - 105\ 000 = 63\ 000（元）$$

由以上计算可知，投入新项目可以使 A 投资中心的剩余收益由原来的25 000元提高到63 000 元，因此 A 投资中心愿意投资该项新业务。

## 七、案例分析题

案例一：

答：（1）L 部门有足够的能力向 M 部门及其外部客户供应 L 部件。因此，M 部门从外部购买的增量成本构成如下：

从外部供应商购买 L 部件时每单位成本为 37 元。

L 部门制造 L 部件的单位成本为 20 元。

因此，由 M 部门购买而不是转移到公司内部的每一个 L 部件的增量成本为 17

元（37-20）。

从公司的观点来看，最有利可图的做法是所有 12 万件 L 部件应在内部转移。

（2）集团利润总额如下：

L 部门：

每个转移组件赚取的贡献 = 40-20 = 20（元）

每个对外出售组件赚取的利润 = 40-24 = 16（元）

总利润 =（120 000× 20）+（160 000 × 16）-500 000 = 4 460 000（元）

M 部门：

每个对外出售组件赚取的利润 = 96-40-17-9-3-1 = 26（元）

总利润 = 120 000× 26-200 000 = 2 920 000（元）

公司：

公司总利润 = 4 460 000 + 2 920 000 = 7 380 000（元）

（3）公司现在面临的问题是 L 部件单价 40 元的转移定价太高了。外部供应商的单价是 42 元时，这并不是问题，但现在 M 部门接到的 L 部件的报价是每件 37 元。如果 M 部门现在的行为是出自自身利益而不是出自将公司利益作为一个整体，它将从外部供应商购买 L 部件而不是从 L 部门购买 L 部件。这意味着，公司总利润将大幅下降，并且 L 部门将会有大量空闲生产力。

因此，L 部门需要降低价格。目前的价格没有反映出内部转移 L 部件不存在销售和分销成本，即 L 部门内部销售的成本应比外部销售的成本低 4 元。因此，L 部门可以将 L 部件的单价降低到 36 元且仍能从这些销售中获得与外部销售相同的利润，因为与外部价格相比每单位仍可节省 1 元。37 元的转让价格对 M 部门来说可能也是可接受的，因为这与外部供应商提供的价格相同。

案例二：

答：（1）平衡计分卡方法不仅关注财务绩效，也关注非财务绩效。为了保持竞争优势，企业必须非常清楚客户不断变化的需求。就甲银行而言，这涉及确定有特殊需求的特定客户类别，如商业环境下的中小企业，或者非商业环境下的残疾人及视力障碍人士。这使得这些需求得以解决。甲银行的愿景和战略远远不只是赚钱，甲银行想帮助社区和弱势群体，也想回馈顾客。因此，使用平衡计分卡可以纳入衡量银行是否在追求其愿景方面成功的绩效指标。

此外，从纯粹的商业角度来看，如果员工和客户得到重视，内部流程高效，那么一个组织无论如何都应该有更多的机会获得长期成功。因此，即使不考虑银行的社会目标，平衡计分卡对银行衡量未来成功的其他方面也是有用的。

（2）银行的业绩将在平衡计分卡中使用的每一个标题下考虑：

①财务维度。从实现财务目标的程度来看，甲银行过去一年的成绩好坏参半。资本回报率（ROCE）显示其如何有效地利用资产产生利润。目标是 12%，但甲银行只实现了 11% 的资本回报率。然而，利息收入实际上比目标高出 50 万元，这可能是通过向客户提供略高于竞争对手的利率来实现的，因为甲银行实现的净利息差额略低于目标。因此，低于目标资本回报率最可能的原因是甲银行在信息技术安全和为残疾人及视力障碍人士提供的设施方面的投资。虽然这可能会降低资本回报率，

但这一投资本质上是一个好主意，因为它有助于甲银行追求其愿景，并将保持客户满意。甲银行在信息技术安全方面的投资还将防止银行及其客户在未来因遭受欺诈而蒙受损失。

中小企业新增贷款金额指标则有点令人失望。甲银行宣称要为社区带来改变，其未能实现这一目标很可能与以下事实有关：没有足够的工作人员接受向中小企业提供咨询服务培训。

②客户维度。在客户维度，甲银行本年度表现良好。首次发放住房抵押贷款指标超出目标 6 000 笔，这有助于甲银行实现其愿景。在客户投诉方面，甲银行成功超额完成目标，每千名客户中只有 1.5 人投诉，低于每千名客户中 2 人投诉的目标。这可能是由于甲银行流程的改进或安全性的提高。具体原因尚不清楚，但肯定有利于甲银行的声誉。

甲银行在帮助残疾人及视力障碍人士方面也超额完成了目标，这对甲银行的声誉有好处，也使服务更容易获得既定的价值。

③内部业务流程维度。甲银行内部业务流程简化的数量超过了目标，这是好事，客户投诉水平较低很可能反映了这一目标的成功。同样，改善信息技术系统的投资也取得了成功，每 1 000 名客户中只有 3 项信用卡欺诈事件（目标是 10 项）。然而，也许是因为对这部分业务的关注，通过手机银行增加的新服务只有 2 项，而未达到目标要求的 5 项，这令人失望。同样，一些新系统也有可能阻止甲银行将二氧化碳排放量保持在目标水平。

④学习与成长维度。甲银行成功地帮助了社区，在支持社区项目的时间和支持社区组织的数量方面都超过了目标。这些额外的成本可能导致甲银行未能完全达到资本回报率的目标。

然而，甲银行并没有完全实现其帮助小企业和弱势群体的目标。如前所述，甲银行接受向中小企业提供咨询服务培训的员工人数不足，可能对实现向中小企业贷款目标产生了影响。

总体而言，甲银行 2020 年取得了相当喜人的成绩，实现了许多目标。然而，甲银行仍有一些工作要做，以践行其价值理念，并继续追求其理想。

# 第九章
# 风险管理会计

----

## 学习目标

通过对本章的学习，学生应认识风险及风险的种类，熟悉企业风险管理框架，为企业风险管理打下坚实的基础。

## 学习指导

1. 学习重点
（1）理解风险的概念及分类；
（2）理解企业风险管理框架；
（3）掌握风险识别和风险应对的方法。
2. 学习难点
（1）企业风险管理框架的认识；
（2）风险识别和风险应对的方法。

## 练习题

一、名词解释

1. 风险

2. 情景分析法

3. 风险管理框架




4. 企业风险管理




5. 风险管理目标

二、判断题

1. 法律风险与合规风险属于内部风险。 （　　）
2. 合规风险和法律风险有时会同时发生。 （　　）
3. 潜在事件的不确定性通过两方面进行评价——可能性和影响。 （　　）
4. 对于一项确保特定的交易被恰当授权的目标而言，风险应对可能就是类似职责分离和由监督人员审批等控制活动。 （　　）
5. 由于风险是客观存在的，因此风险偏好与企业战略没有关系，即使企业战略的某个风险与风险偏好不一致，也不需要调整战略。 （　　）
6. 购买保险属于风险回避。 （　　）
7. 企业风险管理评价的范围和频率各不相同，取决于风险的重大性及风险应对和管理风险过程中相关控制的重要性。优先程度较高的风险领域和应对往往更经常被评价。 （　　）
8. 风险管理控制活动本身就是风险应对。 （　　）
9. 目标设定是事项识别、风险评估和风险应对的前提，每一个目标都是单独存在的。 （　　）
10. 企业的风险管理并不是一个事项或环境，而是渗透于企业各项活动中的一系列行动。 （　　）

三、单项选择题

1. 企业经过一系列风险识别，现决定拒绝向一个新的地区市场拓展，这种风险应对措施属于（　　）。
　　A. 风险回避　　　　　　　　　B. 风险转移
　　C. 风险降低　　　　　　　　　D. 风险承受
2. 风险识别方法中常用的情景分析法是指（　　）。
　　A. 将可能面临的风险逐一列出，并根据不同的标准进行分类

B. 通过图解来识别和分析风险损失发生前存在的各种不恰当行为，由此判断和总结哪些失误最可能导致风险损失

C. 通过有关数据、曲线、图表等模拟企业未来发展的可能状态，识别潜在的风险因素、预测风险的范围及结果，并选择最佳的风险管理方案

D. 风险管理人员通过实际调查研究以及对商业银行的资产负债表、损益表、财产目录等财务资料进行分析从而发现潜在风险

3. 我国某纺织生产企业甲公司向欧洲 H 国出口"双羊牌"高档羊绒被，其英文商标名为"Goats"。该产品虽然质量上乘，但在 H 国一直销路不佳。甲公司进行详细调查后发现，在 H 国，"Goats"除了有山羊的意思以外，还有其他的贬义，一些消费者因此产生不好的联想，影响了产品的销售。这个案例表明，企业跨国营销可能面临（　　）。

    A. 环境风险　　　　　　　　　　B. 文化风险

    C. 品牌风险　　　　　　　　　　D. 市场风险

4. 下列选项中，不属于组织架构设计与运行中需要关注的主要风险是（　　）。

    A. 缺乏对员工的风险教育

    B. 治理结构形同虚设

    C. 缺乏科学决策、良性运行机制和执行力

    D. 权责分配不合理

5. 下列选项中，不属于分析企业战略风险应收集的信息是（　　）。

    A. 主要客户、供应商与竞争对手的有关情况

    B. 企业组织效能、管理现状

    C. 科技进步、技术创新的有关内容

    D. 市场对企业产品或服务的需求

6. 甲公司是一家酒楼，每天从屠宰场采购新鲜肉类，但由于市场需求波动较大，有时候当天用不完的肉类需要放入冷库储存，而有时候又因为库存不足导致缺货。由此可见，甲公司的采购业务没有注意到的风险是（　　）。

    A. 供应商选择不当，采购方式不合理导致不能及时送货

    B. 供应商选择不当，可能导致采购物资质次价高，出现舞弊或遭受欺诈

    C. 采购计划安排不合理，市场变化趋势预测不准确，造成库存短缺或积压，可能导致企业生产停滞或资源浪费

    D. 采购验收不规范，付款审核不严，可能导致采购物资、资金损失或信用受损

7. 王某打算开一家提供大型高档车修理修配劳务的汽车维修店，由于投资巨大且风险未知，王某请来几名风险管理专家为开立汽车维修店进行风险评估。几位专家的意见如下：

    A. 专家：因为要雇用修理员工，所以会面临操作风险。

    B. 专家：一般汽车维修店都会实时结算，因此面临信用风险的可能性不大。

    C. 专家：要保证零部件的质量，否则会带来运营风险。

    D. 专家：提供汽车修理修配劳务，不会涉及财务风险。

通过以上资料，你认为说法不对的专家是（    ）。

    A. A 专家               B. B 专家

    C. C 专家               D. D 专家

8. 甲公司是一家白酒生产企业。为了进一步提高产品质量，甲公司通过图表形式将白酒生产按顺序划分为多个模块，并对各个模块逐一进行详细调查，识别出每个模块各种潜在的风险因素或风险事件，从而使决策者获得清晰直观的印象。根据上述信息，下列选项中，对甲公司采取的风险管理办法是（    ）。

    A. 流程图               B. 核对清单

    C. 价值链分析          D. 情景分析

9. 流程图分析法是对流程的每一阶段、每一环节逐一进行调查分析，从中发现潜在风险，找出导致风险发生的因素，分析风险产生后可能造成的损失以及对整个组织可能造成的不利影响。下列选项中，关于流程图分析法的描述错误的是（    ）。

    A. 该方法的优点是简单明了和易于操作

    B. 该方法可以对企业生产或经营中的风险及其成因进行定性分析

    C. 该方法的使用效果依赖于专业人员的水平

    D. 该方法适用于组织规模较小、流程较简单的业务风险分析

10. 2013 年春季，H7N9 型禽流感在中华大地上肆虐，给广大养殖户造成严重冲击。保险公司适时推出 H7N9 型禽流感保险。农乐禽养殖有限公司立即进行了投保，以应对 H7N9 型禽流感给企业带来的风险。该养殖公司采用的风险管理工具是（    ）。

    A. 风险承担            B. 风险规避

    C. 风险分散            D. 风险降低

四、多项选择题

1. 某矿业集团近期收购了厄瓜多尔的铜矿，集团风险管理部派李辉驻该铜矿担任中方管理人员，并负责该铜矿的风险管理工作。下列选项中，李辉可以用以应对该铜矿政治风险的措施有（    ）。

    A. 与当地职工建立良好的关系

    B. 向国际保险公司对该项目的政治风险投保

    C. 当厄瓜多尔出现自然灾害时，主动进行捐助

    D. 在原料、零配件的采购上适当以当地企业优先

2. 下列选项中，属于分析企业战略风险应收集的信息是（    ）。

    A. 主要客户、供应商以及竞争对手的有关情况

    B. 市场对企业产品或服务的需求

    C. 科技进步、技术创新的有关内容

    D. 企业组织效能和管理现状

3. 确定企业整体风险偏好需要考虑的因素包括（    ）。

    A. 风险个体            B. 相互关系

    C. 整体形状           D. 行业因素

4. 乙公司是一家国内知名的互联网企业。乙公司自上一年以来推出了多款新的互联网金融产品。为了消除部分客户对其产品风险的质疑，乙公司组织了来自学术界、企业界以及政府相关职能部门的专家，通过向电子信箱发送问卷的调查方式征询专家对公司产品风险的意见。下列选项中，对乙公司采用的风险管理技术与方法优点的表述中，正确的是（　　　）。

  A. 这种方法速度较快，容易开展

  B. 这种方法通过专家群体决策，产生尽可能多的设想

  C. 这种方法更有可能表达出那些不受欢迎的看法

  D. 这种方法能够激发专家们的想象力

5. 关于现代市场经济中人们对风险观念的理解，下列表述中，正确的有（　　　）。

  A. 可以由人的主观判断来决定选择不同的风险

  B. 风险是一系列可能发生的结果而不是最可能的结果

  C. 风险总是与机遇并存

  D. 风险是可预测、可度量的负面因素

6. 选定了风险应对之后，管理当局就要确定用来帮助确保这些风险应对得以恰当地和及时地实施所需的控制活动。下列选项中，属于控制活动的内容要点的是（　　　）。

  A. 高层复核        B. 信息处理

  C. 业绩指标        D. 直接的职能或活动管理

7. 管理当局提供着眼于行为期望和员工职责的具体的和指导性的沟通。它包括对主体的风险管理理念和方法的清楚表述以及明确授权。有关流程和程序的沟通应该与期望的文化相协调，并支撑后者。沟通应该有效传达的内容包括（　　　）。

  A. 有效的企业风险管理的重要性和相关性

  B. 主体的目标

  C. 主体的风险容量和风险容限

  D. 员工在实现和支撑企业风险管理的构成要素中的职能与责任

8. 企业提供可靠的信息给业务单位管理当局以管理和控制生产活动，并将信息提供给政府监管部门，这一举动满足了（　　　）。

  A. 合规目标        B. 决策目标

  C. 经营目标        D. 报告目标

9. 下列选项中，不属于风险分散的例子是（　　　）。

  A. 决定自己承担小额损失

  B. 停止有隐患的工艺流程

  C. 安装消防系统

  D. 购买保险

10. 在决定采取可能的应对措施时，管理层应该考虑的事务包括（　　　）。

  A. 评价可能的风险应对措施对风险可能性和影响的效果

  B. 评估可能的风险应对措施的成本与效益

C. 在处理特定风险之外，考虑对达到企业目标可能存在的机会

D. 哪一个风险应对措施与企业的风险承受度保持一致

## 五、简答题

1. 什么是固有风险？什么是剩余风险？

2. 识别风险的方法有哪些？

3. 什么是风险矩阵？

4. 简述风险应对的四种类型。

## 六、案例分析题

### 案例一

珠海毅力电器股份有限公司（以下简称"毅力公司"）是集研发、生产、销售、服务于一体的国有控股家电企业，其产品包括家用空调、中央空调、空气能热水器等。在积极开拓国内市场的同时，毅力公司的产品出口到40多个国家和地区，并且与外国购货商结算时统一选用美元作为结算币，但近期美元汇率的变动幅度较大。面对未来国外经济形势不确定因素增加的局面，毅力公司按照较好、一般、较差三种假设条件，对公司未来可能遇到的不确定因素及其对公司收入和利润的影响做出定性和定量分析。

近年来，环境污染日益严峻，引起了政府的高度重视。毅力公司属于制造业企业，生产时会产生大量的废气、废渣，对环境会造成一定的污染。国家发展改革委要求制造业企业要全面贯彻制造业循环经济理念，着力于最大限度提高废水、固体废弃物、废气的综合利用水平，并对污染严重的几家企业开具了罚单。毅力公司由于治理不及时收到了政府罚单。

要求：（1）分析毅力公司发展过程中可能面临的主要风险。

（2）分析面对未来国外经济形势不确定因素增加的局面，毅力公司使用的风险管理技术与方法，并说明其适用情况。

（资料来源：http://www.zgcjpx.com/cpa/tiku/zhenti/gszl/127925.html.原文有修改）

## 案例二

2010年4月，科通科技公司正式成立。公司成立之初，公司首席执行官与股东们就有一个想法：要做一款设计好、品质好、价格便宜的智能手机。

2010年的手机市场还是国际品牌的天下，功能机仍是主体，智能手机的价格在3 000~4 000元。虽然也有一些国产品牌手机，但大多数是低质低价的产品。

2011年8月16日，科通科技公司发布了第一款"为发烧而生的"科通手机。这款号称顶级配置的手机定价只有1 999元，几乎是同配置手机价格的一半，科通手机2012年实现销量719万部。2014年第二季度，科通手机占据国内智能手机市场的第一名，科通科技公司在全球也成为第三大手机厂商。

然而，在2015年，迅猛增长的科通科技公司遇到了前所未有的危机。一方面，销量越来越大就意味着要与数百个零部件供应商建立良好高效的合作协同关系，不能有丝毫闪失。而科通科技公司的供货不足、发货缓慢被指为"饥饿营销"，开始颇受质疑。另一方面，竞争对手越来越多，也越来越强。H公司推出的R手机成为科通手机强劲的对手，O公司和V公司也借助强大的线下渠道开始崛起。芯片供应商G公司的"急刹车"成为导火线。在经历了5年的超高速增长后，2015年下半年，科通科技公司放缓了飞速前进的脚步。由于市场日趋饱和，整个智能手机行业的增速下滑，虽然科通科技公司2015年7 000万部手机的销量依然是国内出货量最高的手机，但科通科技公司在年初提出的8 000万部手机销量的目标没能实现。

科通手机销量下滑的趋势并没有止住。2016年，科通手机首次跌出全球出货量前五名。在国内市场，科通手机也从第一名跌到了第五名，季度出货量跌幅一度超过40%，全年出货量暴跌36%。这一年，以线下渠道为主的O公司和V公司成为手机行业的新星，其手机出货量不仅增幅超过 100%，而且双双超过了科通公司进入全球前五名、国内前三名。

要求：简要分析科通科技公司在 2015 年面临的市场风险。

（资料来源：http://www.zgcjpx.com/cpa/tiku/zhenti/gszl/127927.html.原文有修改）

# 练习题参考答案

## 一、名词解释

1. 风险是指未来事件存在一定程度的不确定性所导致的企业蒙受经济损失的可能性。

2. 情景分析法是指通过分析未来可能发生的各种情景以及各种情景可能产生的影响来分析风险的一类方法。

3. 风险管理框架包括内部环境、目标设置、事件识别、风险评估、风险应对、控制活动、信息与沟通、监控。

4. 企业风险管理是一个过程，它由一个主体的董事会、管理当局和其他人员实施，应用于战略制定并贯穿企业之中，旨在识别可能会影响主体的潜在事项、管理风险，以使其在该主体的风险容量之内，并为主体目标的实现提供合理保证。

5. 风险管理目标包括：第一，确保企业将风险控制在与总体目标相适应，并且在企业可承受的范围内。第二，确保企业内外部，尤其是企业与股东之间实现真实、可靠的信息沟通，包括编制和提供真实、可靠的财务报告。第三，确保企业遵守有关法律法规的规定。第四，确保企业有关规章制度和为实现经营目标而采取重大措施的贯彻执行，保障经营管理的有效性，提高经营活动的效率和效果，降低实现经营目标的不确定性。第五，确保企业建立针对各项重大风险发生后的危机处理计划，保护企业不因灾害性风险或人为失误而遭受重大损失。

## 二、判断题

| 1. × | 2. √ | 3. √ | 4. √ | 5. × |
|------|------|------|------|------|
| 6. × | 7. √ | 8. × | 9. × | 10. √ |

## 三、单项选择题

| | | | | |
|---|---|---|---|---|
| 1. A | 2. C | 3. B | 4. A | 5. B |
| 6. C | 7. D | 8. A | 9. D | 10. C |

## 四、多项选择题

| | | | | |
|---|---|---|---|---|
| 1. ABCD | 2. AB | 3. ABCD | 4. AB | 5. ABC |
| 6. ABCD | 7. ABCD | 8. ACD | 9. ABC | 10. ABCD |

## 五、简答题

1. 什么是固有风险？什么是剩余风险？

答：固有风险是指一个企业缺乏任何用来改变风险的可能性或影响的措施时面临的风险。剩余风险是指在管理层对风险采取了应对措施之后剩余的风险。

2. 识别风险的方法有哪些？

答：（1）核对清单法，即某一特定行业或不同行业所共通的潜在风险清单。

（2）流程图法，即生产流程分析法。

（3）情景分析法（scenario analysis），即通过分析未来可能发生的各种情景以及各种情景可能产生的影响来分析风险的一类方法。

（4）过程描述法（process mapping），即分析一个过程的输入、任务、责任和输出的组合，通过分析评估影响一个过程的投入或其中的活动的内部因素和外部因素，主体能识别那些可能影响过程目标实现的风险。

3. 什么是风险矩阵？

答：风险矩阵是指按照风险发生的可能性和风险发生后果的严重程度，将风险绘制在矩阵图中，展示风险及其重要性等级的风险管理工具方法。风险矩阵是识别项目风险重要性的一种结构性方法，能够对项目风险的潜在影响进行评估，是一种操作简便且把定性分析与定量分析相结合的方法。

4. 简述风险应对的四种类型。

答：（1）回避，即退出会产生风险的活动。风险回避可能包括退出一条产品线、拒绝向一个新的地区市场拓展，或者卖掉一个分部。

（2）降低，即采取措施降低风险的可能性或影响，或者同时降低两者。它几乎涉及各种日常的经营决策。

（3）分散，即通过转移风险给第三方来降低风险的可能性或影响，或者分散一部分风险。常见的技术包括购买保险产品、从事避险交易或外包一项业务活动。

（4）承受，即不采取任何措施去干预风险的可能性或影响。

## 六、案例分析题

案例一：

答：（1）①市场风险。"毅力公司的产品出口到 40 多个国家和地区，并且与外国购货商结算时统一选用美元作为结算币，但近期美元汇率的变动幅度较大""面对未来国外经济形势不确定因素增加的局面"。

②政治风险。"国家发展改革委要求制造业企业要全面贯彻制造业循环经济理念，着力于最大限度提高废水、固体废弃物、废气的综合利用水平"。

③法律和合规风险。"毅力公司由于治理不及时收到了政府罚单。"

④运营风险。"毅力公司属于制造业企业，生产时会产生大量的废气、废渣，对环境造成一定的污染""毅力公司由于治理不及时收到了政府罚单"。

（2）"毅力公司按照较好、一般、较差三种假设条件，对公司未来可能遇到的不确定因素及其对公司收入和利润的影响做出定性和定量分析"属于情景分析法。该方法通常用来对预测对象的未来发展做出种种设想或预计，通过模拟企业未来发展的可能状态，来识别企业面临的风险，是一种直观的预测方法。

案例二：

答：（1）产品或服务的价格及供需变化带来的风险。"科通科技公司的供货不足、发货缓慢被指为'饥饿营销'，开始颇受质疑""2016 年，科通手机首次跌出全球出货量前五名。在国内市场，科通手机也从第一名跌到了第五名，季度出货量跌幅一度超过 40%，全年出货量暴跌 36%"。

（2）能源、原材料、配件等物资供应的充足性、稳定性和价格变化带来的风险。"销量越来越大就意味着要与数百个零部件供应商建立良好高效的合作协同关系，不能有丝毫闪失"。

（3）潜在进入者、竞争者、与替代品的竞争带来的风险。"竞争对手越来越多，也越来越强大"。

# 第十章
# 战略管理会计

----------------------------------------------------------------

## 学习目标

　　通过对本章的学习，学生应了解战略管理会计的重要性，掌握战略管理的具体工具的应用，如战略地图、价值链管理等以及这些工具运用的注意事项。

## 学习指导

1. 学习重点
（1）掌握战略地图的内容；
（2）掌握价值链的管理。
2. 学习难点
（1）企业的价值链管理；
（2）产业价值链的内容以及投资收益率分析、成本动因分析的主要环节。

## 练习题

### 一、名词解释

1. 企业的价值链管理

2. 产品生产合理配合分析

3. 结构性成本动因

4. 操作性成本动因

5. 产业的价值链管理

## 二、判断题

1. 战略分析包括外部环境分析和内部环境分析。 （　　）

2. 战略制定是指企业根据确定的愿景、使命和环境分析情况，选择和设定战略目标的过程。 （　　）

3. 战略实施是指将企业的战略目标变成现实的管理过程。 （　　）

4. 战略评价和控制是指企业在战略实施过程中，通过检测战略实施进展情况、评价战略执行效果、审视战略的科学性和有效性，不断调整战略举措，以达到预期目标。 （　　）

5. 战略调整是指根据企业情况的发展变化和战略评价结果，对所制定的战略及时进行调整，以保证战略有效指导企业经营管理活动。 （　　）

6. 战略地图与平衡计分卡相比，增加了两个层次的东西：一是增加了颗粒层，二是增加了动态层。 （　　）

7. 战略地图是指为描述企业各维度战略目标之间因果关系而绘制的可视化的战略因果关系图。 （　　）

8. 从战略的角度，成本动因可以分为结构性成本动因和操作性成本动因两类。 （　　）

9. 产业的价值链管理的主要内容包括投资收益率分析、成本动因分析等。 （　　）

10. 成本动因包括结构性成本动因和操作性成本动因两类，产业价值链管理则侧重操作性成本动因的分析。 （　　）

## 三、单项选择题

1. 战略是指企业从（　　）考虑做出的长远性的谋划。
　A. 全局性　　　　　　　　　　B. 短期性
　C. 系统性　　　　　　　　　　D. 风险性

2. 战略地图是由（　　）提出的。

    A. 罗伯特·卡普兰、戴维·诺顿　　　　B. 威廉·肖克利

    C. 林登·约翰逊　　　　　　　　　　　D. 赫伯特·西蒙

3. 战略地图是指为描述企业（　　）战略目标之间因果关系而绘制的可视化的战略因果关系图。

    A. 一维　　　　　　　　　　　　　　　B. 二维

    C. 三维　　　　　　　　　　　　　　　D. 多维

4. 从战略的角度，成本动因包括（　　）。

    A. 结构性动因　　　　　　　　　　　　B. 规模动因

    C. 复杂性动因　　　　　　　　　　　　D. 经验动因

5. 成本动因分析中，产业价值链管理侧重（　　）的分析。

    A. 结构性成本动因　　　　　　　　　　B. 操作性成本动因

    C. 复杂性动因　　　　　　　　　　　　D. 经验动因

6. 战略地图财务维度的主要内容有（　　）。

    A. 增加客户机会　　　　　　　　　　　B. 产品（服务）质量

    C. 技术领先　　　　　　　　　　　　　D. 售后服务

7. 客户维度可能从（　　）方面确认标准。

    A. 产品（服务）质量　　　　　　　　　B. 增加客户机会

    C. 创造成本优势　　　　　　　　　　　D. 提高资产利用率

8. 内部业务流程可能从（　　）方面确认标准。

    A. 管理流程　　　　　　　　　　　　　B. 产品（服务）质量

    C. 增加客户机会　　　　　　　　　　　D. 提高资产利用率

9. 学习与成长方面的关键要素有（　　）。

    A. 员工培训　　　　　　　　　　　　　B. 创新流程

    C. 遵循法规流程　　　　　　　　　　　D. 客户管理流程

10. 企业的价值链管理分析的内容主要包括（　　）。

    A. 作业链分析　　　　　　　　　　　　B. 创新流程

    C. 提高资产利用率　　　　　　　　　　D. 管理流程

## 四、多项选择题

1. 企业战略管理应遵循的原则包括（　　）。

    A. 目标可行原则　　　　　　　　　　　B. 资源匹配原则

    C. 责任落实原则　　　　　　　　　　　D. 协同管理原则

2. 企业应用战略管理的工具方法，一般按照（　　）程序进行。

    A. 战略分析　　　　　　　　　　　　　B. 战略制定

    C. 战略实施　　　　　　　　　　　　　D. 战略评价和控制

    E. 战略调整

3. 战略地图的主要内容包括（　　）。

    A. 财务维度　　　　　　　　　　　　　B. 客户维度

    C. 内部业务流程　　　　　　　　　　　D. 学习与成长

4. 从战略的角度，成本动因可以分为（　　）两类。

A. 结构性成本动因　　　　　　　　B. 操作性成本动因

C. 复杂性动因　　　　　　　　　　D. 经验动因

5. 形成结构性成本动因的因素包括（　　）。

A. 规模　　　　　　　　　　　　　B. 范围

C. 经验　　　　　　　　　　　　　D. 技术

E. 厂址　　　　　　　　　　　　　F. 复杂性

6. 形成操作性成本动因的因素包括（　　）。

A. 员工的参与感　　　　　　　　　B. 全面质量管理

C. 生产能力的利用　　　　　　　　D. 工厂的布局

7. 产业的价值链管理的主要内容包括（　　）。

A. 投资收益率分析　　　　　　　　B. 成本动因分析

C. 操作性成本动因　　　　　　　　D. 结构性成本动因

8. 企业战略地图的绘制过程中需要考虑宏观环境层面的因素包括（　　）。

A. 政策方面　　　　　　　　　　　B. 经济方面

C. 社会方面　　　　　　　　　　　D. 技术方面

9. 向行业标杆企业学习借鉴的方面包括（　　）。

A. 战略规划方面　　　　　　　　　B. 营销管理方面

C. 研发管理方面　　　　　　　　　D. 生产管理方面

E. 信息化管理方面

10. 提升企业内部能力需要从（　　）着手。

A. 市场研究及品牌运作能力　　　　B. 研发能力

C. 采购能力　　　　　　　　　　　D. 生产能力

## 五、简答题

1. 简述战略管理的程序。

2. 简述战略地图的内容。

3. 简述作业链分析。

4. 操作性成本动因的特征是什么？

5. 结构性成本动因的特征是什么？

137

六、案例分析题

1998 年 7 月 1 日，四川省政府批准四川省投资集团有限责任公司（以下简称"川投集团"）以承担峨眉铁合金厂（以下简称"峨铁厂"）全部债权、债务和安置现有全部职工的方式，对峨铁厂实施整体兼并。被兼并后的峨铁厂更名为四川川投峨眉铁合金（集团）有限责任公司（以下简称"川投峨铁"）。同时，川投集团将嘉阳电厂作为自备电厂注入川投峨铁，从电厂架设专线到川投峨铁直接供应生产和生活用电。一个投资重组的重大举措挽救了 3 个濒临倒闭的国有企业，盘活了 20 多亿元的存量资产，解决了 1 万多人的就业问题，使企业的生产经营步入良性循环。2000 年，川投峨铁为地方财政增加税收 4 000 多万元，顺利实现了国企 3 年解困的目标。

峨铁厂是全国六大重点铁合金企业之一，年生产能力强，生产产品系列多样，产品出口免检。由于产业的特性（铁合金是高耗能产品），在电价大幅度上涨的背景下，峨铁厂的电费占其成本的 50% 以上。峨铁厂在有市场、有生产能力的情况下，由于电费过高，长期开工不足，出现亏损。

嘉阳煤矿是历史悠久的国企，由于开采时间长，优质煤早已采完，劣质煤在全国煤矿行业不景气的大环境背景下没有市场竞争力。

嘉阳电厂是为嘉阳煤矿的劣质煤找出路而建立的小型电厂。在电厂还没建成前，国家出台关于装机容量低于 10 万千瓦的常规燃煤火电机组，实施上大电网的政策限制。

请回答以下问题：

（1）重组前的价值链分析。

（2）重组后的价值链分析图。

（3）重组前后的变化和影响。

（4）重组带来的成本和竞争优势。

（资料来源：http：//www.doc88.com/p-6127452776635.html.原文有修改）

# 练习题参考答案

## 一、名词解释

1. 企业的价值链管理是指对产品的整个价值链（包括从产品所需要材料的供应者、设计与生产、产品的销售与售后服务）所进行的分析。这种分析的对象比较宽泛，包括供应商、企业本身以及顾客。其分析内容主要包括产品生产合理配合分析、作业链分析以及成本动因分析。

2. 产品生产合理配合分析研究企业如何改善与供应商以及与顾客之间的相互协作关系，这种分析将视野扩大到企业与供应链之间以及企业与顾客之间的战略定位上。

3. 结构性成本动因是指与企业基础经济结构有关的成本驱动因素。一般形成结构性成本动因的因素主要有规模、范围、经验、技术、厂址和复杂性等内容。

4. 操作性成本动因又称为执行性成本动因，是指企业在具体操作过程中所引发的成本。这类成本与企业的生产经营过程密切相连，通常包括员工的参与感、全面质量管理、生产能力的利用、工厂的布局、产品设计等。

5. 产业的价值链管理是指整个产业的纵向整体分析，即从产业的最初原料开发开始，经过若干个不同产品的生产环节，直至最终产品被用户消费结束的完整过程。

## 二、判断题

| 1. √ | 2. √ | 3. √ | 4. √ | 5. √ |
| 6. √ | 7. √ | 8. √ | 9. √ | 10. × |

## 三、单项选择题

| 1. A | 2. A | 3. C | 4. A | 5. A |
| 6. A | 7. A | 8. A | 9. A | 10. A |

## 四、多项选择题

| 1. ABCD | 2. ABCD | 3. ABCD | 4. AB | 5. ABCDEF |
|---------|---------|---------|-------|-----------|
| 6. ABCD | 7. AB | 8. ABCD | 9. ABCDE | 10. ABCD |

## 五、简答题

1. 简述战略管理的程序。

答：企业应用战略管理工具方法，一般按照战略分析、战略制定、战略实施、战略评价和控制、战略调整等程序进行。

（1）战略分析包括外部环境分析和内部环境分析。企业进行环境分析时，可以应用态势分析（strength、weakness、opportunity、threat，简称 SWOT 分析）、波特五力分析和波士顿矩阵分析等方法，分析企业的发展机会和竞争力以及各业务流程在价值创造中的优势和劣势，并对每一业务流程按照其优势强弱划分等级，为制定战略目标奠定基础。

（2）战略制定是指企业根据确定的愿景、使命和环境分析情况，选择和设定战略目标的过程。企业可以根据对整体目标的保障、对员工积极性的发挥以及企业各部门战略方案的协调等实际需要，选择自上而下、自下而上或上下结合的方法，制定战略目标。企业设定战略目标后，各部门需要结合企业战略目标设定本部门战略目标，并将其具体化为一套关键财务及非财务指标的预测值。为各关键指标设定的目标（预测）值，应与本企业的可利用资源相匹配，并有利于执行人积极有效地实现既定目标。

（3）战略实施是指将企业的战略目标变成现实的管理过程。企业应加强战略管控，结合使用战略地图、价值链管理等多种管理会计工具方法，将战略实施的关键业务流程化，并落实到企业现有的业务流程中，确保企业高效率和高效益地实现战略目标。

（4）战略评价和控制是指企业在战略实施过程中，通过检测战略实施进展情况、评价战略执行效果、审视战略的科学性和有效性，不断调整战略举措，以达到预期目标。企业应主要从以下几个方面进行战略评价：战略是否适应企业的内外部环境、战略是否达到有效的资源配置、战略涉及的风险程度是否可以接受、战略实施的时间和进度是否恰当。

（5）战略调整是指根据企业情况的发展变化和战略评价结果，对所制定的战略及时进行调整，以保证战略有效指导企业经营管理活动。战略调整一般包括调整企业的愿景、长期发展方向、战略目标及其战略举措等。

企业战略管理领域的应用工具一般包括战略地图、价值链管理等。战略管理工具可以单独应用，也可以综合应用，以加强战略管理的协同性。

2. 简述战略地图的内容。

答：战略地图通常以财务、客户、内部业务流程、学习与成长四个维度为主要内容，通过分析各维度的相互关系，绘制战略因果关系图。企业可以根据自身情况对各维度的名称、内容等进行修改和调整。企业应用战略地图工具方法，应注重通过战略地图的有关路径设计，有效使用有形资源和无形资源，高效实现价值创造。企业应通过战略地图实施将战略目标与执行有效绑定，引导各责任中心按照战略目标持续提升业绩，服务企业战略实施。

（1）财务维度。战略主题一般可以划分为两个层次：第一层次一般包括生产率提升和营业收入增长等，第二层次一般包括创造成本优势、提高资产利用率、增加客户机会和提高客户价值等。

（2）客户维度。企业应对现有客户进行分析，从产品（服务）质量、技术领先、售后服务和稳定标准等方面确定与调整客户价值定位。企业一般可以设置客户体验、双赢营销关系、品牌形象提升等战略主题。

（3）内部业务流程维度。企业应根据业务提升路径和服务定位，梳理业务流程及其关键增值（提升服务形象）活动，分析行业关键成功要素和内部营运矩阵，从内部业务流程的管理流程、创新流程、客户管理流程、遵循法规流程等角度确定战略主题，并将业务战略主题进行分类归纳，制订战略方案。

（4）学习与成长维度。企业应根据业务提升路径和服务定位，分析创新和人力资本等无形资源在价值创造中的作用，识别学习与成长维度的关键要素，并相应确立激励制度创新、信息系统创新和智力资本利用创新等战略主题，为财务、客户、内部业务流程维度的战略主题和关键业绩指标（key performance indicator，KPI）提供有力支撑。

3. 简述作业链分析。

答：作业链分析是指企业的生产经营由一个一个的作业构成，每个作业的进行都要占用并消耗一定的资源，每个作业的产出都包含该作业所创造的一定价值，这些价值凝聚在产成品上，构成产品价值，最终销售出去，体现为顾客价值，从而形成企业的收入。可见，作业链最终通过价值链予以反映。进行作业链分析的目的在于，一方面尽可能地消除不增加顾客价值的作业，另一方面尽可能地提高可增加价值作业的运行效率，以便提高顾客价值，优化价值链。

4. 操作性成本动因的特征是什么？

答：操作性成本动因具有以下基本特征：第一，操作性成本动因是在结构性成本动因决定之后才成立的成本动因。第二，通常操作性成本动因的程度越高越好，对各种情况掌握得越精准，分析得越透彻，将越有助于加强企业的成本管理。显然，结构性成本动因与企业的战略定位密切相关。分析结构性成本动因有助于企业做出横向规模和纵向规模的战略决策，分析操作性成本动因有助于企业加强内部成本管理工作，确保战略目标的实现。

5. 结构性成本动因的特征是什么？

答：结构性成本动因具有以下基本特征：第一，结构性成本动因一旦确定常常难以变动，对企业的影响持久而深远。第二，结构性成本动因常常发生在生产开始之前，其支出属于资本性支出，构成了以后生产产品的长期变动成本。第三，结构性成本动因并不是程度越高越好。这类成本动因存在一个适度的问题，把握不好，就会使成本上升。

### 六、案例分析题

答：（1）重组前的价值链分析如图 10-1 所示。

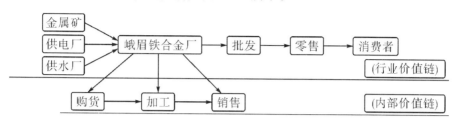

图 10-1 重组前的价值链分析

价值活动：起于材料采购，止于销售。

问题所在：受电价上涨、供应不足、质量不好等因素的影响，企业长期开工不足，以至于连年亏损。

购货系统：实行竞标定价和适时购货。

销售环节：产品有市场，不存在销售问题。

（2）重组后的价值链分析如图 10-2 所示。

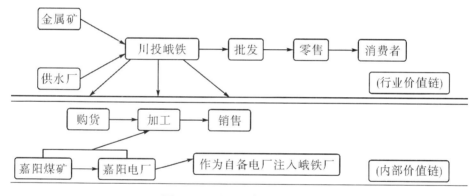

图 10-2 重组后的价值链分析

（3）重组前后的变化和影响。

变化：

①原来作为企业外部价值链中上游供应商的供电厂，成为企业内部价值链的组成部分。

②原来属于企业外部的市场交易行为转化为企业内部交易。

影响：

①嘉阳煤矿、嘉阳电厂和川投峨铁结成了战略性的合作伙伴关系，嘉阳电厂以一个低于市场的、稳定的价格向川投峨铁提供高质量的、稳定的电力，避免了市场电价波动给川投峨铁带来的利润风险。

②嘉阳电厂得到稳定的销售市场，双方受益。

（4）重组带来的成本和竞争优势。

①重组后的川投峨铁。川投峨铁的电力成本大幅降低；同时，通过调整，川投

峨铁的铁合金产量上了一个新台阶，实现规模经济，单位固定成本大为降低。

②重组后的嘉阳煤矿和嘉阳电厂。稳定的销售市场使嘉阳电厂和嘉阳煤矿的销售费用大为降低，嘉阳电厂、嘉阳煤矿蓬勃发展。

③煤电冶价值链的建立，不仅把资本作为纽带，还通过跨行业、跨地区的重组，实现了资源的优化配置，将局部利益整合为整体利益，其产生的效果不只是将 3 个企业的资产简单叠加，还通过低成本战略，创造出新的发展动力，构建出新的发展内涵。

# 第十一章
# 管理会计信息化

## 学习目标

通过对本章的学习，学生应了解管理会计信息化的重要性、管理会计信息化的主要内容，了解企业管理会计报告的重要性与必要性。

## 学习指导

1. 学习重点
（1）掌握管理会计的主要内容；
（2）理解管理会计的报告。
2. 学习难点
（1）管理会计的主要模块；
（2）产业价值链的内容以及投资收益率分析、成本动因分析的主要环节。

## 练习题

### 一、名词解释

1. 管理会计信息系统

2. 购进与付款循环业务

3. 生产与费用循环业务

4. 销售与收款循环业务

5. 投资与筹资循环业务

二、判断题

1. 相对于财务会计核算系统，管理会计系统需要的数据量更大，数据分析处理过程更加复杂。（　　）

2. 企业的业务种类很多，可分为购进与付款循环业务、生产与费用循环业务、销售与收款循环业务、投资与筹资循环业务等几大类。这几类业务无论从实体还是关系来看，都是不同的。（　　）

3. 在采购与付款业务中，管理会计需要对采购价格、采购数量、采购订单的执行情况、在途物资、应付账款、采购综合情况进行统计和分析，以维持最佳库存和降低采购成本，并帮助决策者对采购人员和供应商进行科学管理。（　　）

4. 在生产和费用业务中，管理会计要对产品成本进行核算和分析，查找成本动因，为标准成本的制定、生产成本的控制和生产部门的绩效评价提供支持。（　　）

5. 在销售和收款业务中，管理会计要对销售合同执行情况、销售利润实现情况、销售增长情况、应收账款账龄情况、资金回笼情况等进行统计和分析，对客户进行信用和忠诚度管理，根据不同产品的盈利能力，预测不同地区和人员的销售潜力，评价不同销售部门和业务员的销售业绩，预测未来的销售趋势，为制定营销策略、生产计划提供支持。（　　）

6. 在投资业务中，管理会计要对资本进行预算，还要对资本成本、投资回报率、回收期、净现值、内含报酬率、获利指数等指标进行规划和监测，为筹资和投资决策提供支持。（　　）

7. 管理会计信息系统规划和建设过程一般包括系统规划、系统实施和系统维护等环节。（　　）

8. 管理会计信息系统实施阶段一般包括项目准备、系统设计、系统实现、测试和上线、运营维护及支持等过程。（　　）

9. 管理会计信息系统的应用程序一般包括输入、处理和输出三个环节。（　　）

10. 重大事项报告是针对企业的重大投资项目、重大资本运作、重大融资、重大担保事项、关联交易等事项进行的报告。（　　）

### 三、单项选择题

1. 中国会计学会会计信息化专业委员会于（　　）对会计信息化发展阶段进行了划分。

　　A. 2009 年　　　　　　　　　　B. 2008 年

　　C. 2010 年　　　　　　　　　　D. 2011 年

2. 管理型系统开发与应用阶段是在（　　）。

　　A. 1996—2000 年　　　　　　　B. 2000—2006 年

　　C. 2006 年至今　　　　　　　　D. 1979—1996 年

3. （　　），ERP 从概念变成了更多企业的实践。

　　A. 1996—2000 年　　　　　　　B. 2000—2006 年

　　C. 2006 年至今　　　　　　　　D. 1979—1996 年

4. 战略层管理会计报告的报告对象是（　　）。

　　A. 董事会　　　　　　　　　　B. 总经理

　　C. 财务总监　　　　　　　　　D. 独立董事

5. 经营层管理会计报告的报告对象是（　　）。

　　A. 董事会　　　　　　　　　　B. 总经理

　　C. 监事会　　　　　　　　　　D. 独立董事

6. 业务层管理会计报告的报告对象是（　　）。

　　A. 董事会　　　　　　　　　　B. 车间组长

　　C. 监事会　　　　　　　　　　D. 独立董事

7. 管理会计信息系统应实现系统间的无缝对接，通过统一的规则和标准，实现数据的一次采集，全程共享，避免产生信息孤岛。这是指（　　）原则。

　　A. 系统集成　　　　　　　　　B. 灵活扩展

　　C. 规则可配　　　　　　　　　D. 数据共享

8. 管理会计信息系统及时补充有关参数或功能模块，对环境、业务、产品、组织和流程等的变化及时做出响应，满足企业内部管理需要。这是指（　　）原则。

　　A. 系统集成　　　　　　　　　B. 灵活扩展

　　C. 规则可配　　　　　　　　　D. 数据共享

9. 企业应制订详尽的实施计划，清晰划分实施的主要阶段、有关活动和详细任务的时间进度是（　　）环节。

　　A. 系统规划　　　　　　　　　B. 系统实施

　　C. 系统维护　　　　　　　　　D. 系统研发

10. 管理会计信息系统需提供已定义清楚数据规则的数据接口，自动采集财务和业务数据是（　　）环节。

　　A. 输入　　　　　　　　　　　B. 系统处理

　　C. 系统输出　　　　　　　　　D. 系统维护

## 四、多项选择题

1. 国外学者引入了（　　）理论来探索会计信息系统的基础理论。
   A. 基于权变　　　　　　　　　　B. 社会资本
   C. 行动者网络　　　　　　　　　D. 社会交换

2. 管理会计活动包括（　　）。
   A. 购进与付款循环业务　　　　　B. 生产与费用循环业务
   C. 销售与收款循环业务　　　　　D. 投资与筹资循环业务

3. 购进与付款循环业务需要考虑的情况有（　　）。
   A. 采购数量　　　　　　　　　　B. 采购订单的执行情况
   C. 应付账款　　　　　　　　　　D. 采购价格

4. 在生产与费用循环业务中，管理会计需要进行的工作有（　　）。
   A. 对产品成本进行核算和分析　　B. 查找成本动因
   C. 制定标准成本　　　　　　　　D. 生产成本控制

5. 在销售与收款循环业务中，管理会计需要分析的情况有（　　）。
   A. 销售合同执行情况　　　　　　B. 销售利润实现情况
   C. 销售增长情况　　　　　　　　D. 应收账款账龄情况

6. 在投资与筹资循环业务中，管理会计需要分析的情况有（　　）。
   A. 资本成本　　　　　　　　　　B. 投资回报率
   C. 回收期　　　　　　　　　　　D. 净现值

7. 管理会计信息化建设的原则包括（　　）。
   A. 系统集成原则　　　　　　　　B. 灵活扩展原则
   C. 规则可配原则　　　　　　　　D. 数据共享原则
   E. 安全可靠原则

8. 管理会计信息化建设包括（　　）。
   A. 管理会计信息系统的规划
   B. 管理会计信息系统的建设
   C. 管理会计信息系统的应用
   D. 管理会计信息系统的研发

9. 管理会计信息化建设的主要模块包括（　　）。
   A. 成本管理　　　　　　　　　　B. 预算管理
   C. 绩效管理　　　　　　　　　　D. 投资管理
   E. 管理会计报告

10. 重大事项报告针对企业的（　　）。
    A. 重大投资项目　　　　　　　　B. 重大资本运作
    C. 重大融资　　　　　　　　　　D. 重大担保事项
    E. 关联交易

**五、简答题**

1. 管理会计信息化的作用是什么？

2. 企业进行管理会计信息化建设应具备哪些条件？

3. 经营层管理会计报告包含哪些内容？

4. 业务层管理会计报告包含哪些内容？

5. 企业管理会计报告的流程是什么？

# 练习题参考答案

## 一、名词解释

1. 管理会计信息系统是指以财务和业务信息为基础，借助计算机、网络通信等现代信息技术手段，对管理会计信息进行收集、整理、加工、分析和报告等操作处理，为企业有效开展管理会计活动提供全面、及时、准确的信息支持的各功能模块的有机集合。

2. 购进与付款循环业务是指企业购买各种原材料和劳务、验收入库并支付货款、准备投入生产经营过程的一系列业务的总和。购进与付款循环业务一般要经过请购、订货、验收、付款四个基本程序。

3. 生产与费用循环业务是由原材料转化为产成品的有关活动组成的，涉及的主要业务活动包括制订生产计划和安排生产、发出原材料、生产产品及核算产品成本、储存产成品、发出产成品、记录存货等。

4. 销售与收款循环业务主要是由企业与顾客交换商品或劳务、收回现金等经济活动组成的。

5. 投资与筹资循环业务由筹资活动和投资活动的交易事项构成。筹资活动是企业为了满足生存和发展的需要，通过改变企业资本及债务规模和构成而筹集资金的活动，主要由借款交易和股东权益交易组成。投资活动是企业为通过分配来增加财富，或者为谋求其他利益，将资产让渡给其他单位而获得另一项资产的活动，主要由股权性投资交易和债权性投资交易组成。

## 二、判断题

| 1. √ | 2. √ | 3. √ | 4. √ | 5. √ |
|------|------|------|------|------|
| 6. √ | 7. √ | 8. √ | 9. √ | 10. √ |

## 三、单项选择题

| 1. A | 2. A | 3. B | 4. A | 5. B |
|------|------|------|------|------|
| 6. B | 7. D | 8. B | 9. B | 10. A |

## 四、多项选择题

| 1. ABCD | 2. ABCD | 3. ABCD | 4. ABCD | 5. ABCD |
|---------|---------|---------|---------|---------|
| 6. ABCD | 7. ABC | 8. ABCD | 9. ABCDE | 10. ABCDE |

## 五、简答题

1. 管理会计信息化的作用是什么？

答：管理会计信息化的发展可以紧密控制和分析企业的生产经营活动，企业管理采用信息化和网络化之后，大量的信息来自网络大数据，极大地缩短了企业采集信息和分析信息的时间，为管理者决策争取了时间上的优势。同时，企业内部的信息传递也更加方便快捷，弥补了传统的会计核算管理的缺陷，有利于企业开展预测和决策工作。管理会计主要是对财务会计核算出的数据进行分析、预测、控制，管理会计信息化系统中的一些模型或计算机工具能更有效地帮助企业管理者进行预测和决策，同时也减少了人力和时间的消耗，为企业节省了大量资金。信息技术的迅猛发展促使传统会计向新型战略管理会计发展，传统会计会逐步被战略管理会计取代。

管理会计信息化的发展使企业间的交流更加便捷，同时也加强了企业与客户之间的交流，使客户对企业的满意度和忠诚度有了较大幅度的提升，从本质上发挥了管理会计的作用。大数据和网络的不断发展更要求企业将数据与数据之间的联系掌握在手中，并且能从数据中解读更深层次的含义，建立企业的管理控制系统，使得管理会计在企业中能获得长足发展。

2. 企业进行管理会计信息化建设，应具备哪些条件？

企业进行管理会计信息化建设，一般应具备以下条件：

（1）对企业战略、组织结构、业务流程、责任中心等有清晰的定义。

（2）设有具备管理会计职能的相关部门或岗位，具有一定的管理会计工具方法的应用基础以及相对清晰的管理会计应用流程。

（3）具备一定的财务和业务信息系统应用基础，包括已经实现了相对成熟的财务会计系统的应用，并在一定程度上实现了经营计划管理、采购管理、销售管理、库存管理等基础业务管理职能的信息化。

3. 经营层管理会计报告包含哪些内容？

答：经营层管理会计报告是为经营管理层开展与经营管理目标相关的管理活动提供相关信息的对内报告。经营层管理会计报告的报告对象是经营管理层。经营层管理会计报告主要包括全面预算管理报告、投资分析报告、项目可行性报告、融资分析报告、盈利分析报告、资金管理报告、成本管理报告、绩效评价报告等。经营层管理会计报告应做到内容完整、分析深入。

全面预算管理报告的内容一般包括预算目标制定与分解、预算执行差异分析以及预算考评等。

投资分析报告的内容一般包括投资对象、投资额度、投资结构、投资进度、投资效益、投资风险和投资管理建议等。

项目可行性报告的内容一般包括项目概况、市场预测、产品方案与生产规模、厂址选择、工艺与组织方案设计、财务评价、项目风险分析以及项目可行性研究结论与建议等。

融资分析报告的内容一般包括融资需求测算、融资渠道与融资方式分析及选择、资本成本、融资程序、融资风险及其应对措施和融资管理建议等。

盈利分析报告的内容一般包括盈利目标及其实现程度、利润的构成及其变动趋势、影响利润的主要因素及其变化情况以及提高盈利能力的具体措施等。企业应对收入和成本进行深入分析。盈利分析报告既可以基于企业集团、单个企业，也可以基于责任中心、产品、区域、客户等进行。

资金管理报告的内容一般包括资金管理目标、主要流动资金项目（如现金、应收票据、应收账款、存货）的管理状况、资金管理存在的问题以及解决措施等。企业集团资金管理报告的内容一般还包括资金管理模式（集中管理或分散管理）、资金集中方式、资金集中程度、内部资金往来等。

成本管理报告的内容一般包括成本预算、实际成本及其差异分析、成本差异形成的原因以及改进措施等。

业绩评价报告的内容一般包括绩效目标、关键绩效指标、实际执行结果、差异分析、考评结果以及相关建议等。

4. 业务层管理会计报告包含哪些内容？

答：业务层管理会计报告是为企业开展日常业务或作业活动提供相关信息的对内报告。业务层管理会计报告的报告对象是企业的业务部门、职能部门以及车间、班组等。业务层管理会计报告应根据企业内部各部门、车间或班组的核心职能或经营目标进行设计，主要包括研究开发报告、采购业务报告、生产业务报告、配送业务报告、销售业务报告、售后服务业务报告、人力资源报告等。业务层管理会计报告应做到内容具体、数据充分。

研究开发报告的内容一般包括研发背景、主要研发内容、技术方案、研发进度、项目预算等。

采购业务报告的内容一般包括采购业务预算、采购业务执行结果、差异分析及改善建议等。采购业务报告要重点反映采购质量、数量以及时间、价格等方面的内容。

生产业务报告的内容一般包括生产业务预算、生产业务执行结果、差异分析及改善建议等。生产业务报告要重点反映生产成本、生产数量以及产品质量、生产时间等方面的内容。

配送业务报告的内容一般包括配送业务预算、配送业务执行结果、差异分析及改善建议等。配送业务报告要重点反映配送的及时性、准确性以及配送损耗等方面的内容。

销售业务报告的内容一般包括销售业务预算、销售业务执行结果、差异分析及改善建议等。销售业务报告要重点反映销售的数量结构和质量结构等方面的内容。

售后服务业务报告的内容一般包括售后服务业务预算、售后服务业务执行结果、差异分析及改善建议等。售后服务业务报告重点反映售后服务的客户满意度等方面的内容。

人力资源报告的内容一般包括人力资源预算、人力资源执行结果、差异分析及改善建议等。人力资源报告重点反映人力资源使用及考核等方面的内容。

5. 企业管理会计报告的流程是什么？

答：企业管理会计报告流程包括报告的编制、审批、报送、使用、评价等环节。企业管理会计报告由管理会计信息归集、处理并报送的责任部门编制。

企业应根据报告的内容、重要性和报告对象等，确定不同的审批流程。经审批后的报告方可报出。企业应合理设计报告报送路径，确保企业管理会计报告及时、有效地送达报告对象。企业管理会计报告可以根据报告性质、管理需要进行逐级报送或直接报送。

　　企业应建立管理会计报告使用的授权制度，报告使用人应在权限范围内使用企业管理会计报告；对管理会计报告的质量、传递的及时性、保密情况等进行评价，并将评价结果与绩效考核挂钩；充分利用信息技术，强化管理会计报告及相关信息集成和共享，将管理会计报告的编制、审批、报送和使用等纳入企业统一信息平台。企业应定期根据管理会计报告使用效果以及内外部环境变化对管理会计报告体系、内容以及编制、审批、报送、使用等进行优化。

　　企业管理会计报告属内部报告，应在允许的范围内传递和使用。相关人员应遵守保密规定。

图书在版编目(CIP)数据

新编管理会计学学习指导 / 马桂芬主编;王映苏,罗萌萌
副主编.—成都:西南财经大学出版社,2023.2
ISBN 978-7-5504-5408-8

Ⅰ.①新…　Ⅱ.①马…②王…③罗…　Ⅲ.①管理会计—高等
学校—教学参考资料　Ⅳ.①F234.3

中国国家版本馆 CIP 数据核字(2023)第 020909 号

新编管理会计学学习指导

主　　编　马桂芬
副主编　　王映苏　罗萌萌

责任编辑:李晓嵩
责任校对:王甜甜
封面设计:何东琳设计工作室
责任印制:朱曼丽

| | |
|---|---|
| 出版发行 | 西南财经大学出版社(四川省成都市光华村街55号) |
| 网　　址 | http://cbs.swufe.edu.cn |
| 电子邮件 | bookcj@swufe.edu.cn |
| 邮政编码 | 610074 |
| 电　　话 | 028-87353785 |
| 照　　排 | 四川胜翔数码印务设计有限公司 |
| 印　　刷 | 郫县犀浦印刷厂 |
| 成品尺寸 | 185mm×260mm |
| 印　　张 | 10 |
| 字　　数 | 237 千字 |
| 版　　次 | 2023 年 2 月第 1 版 |
| 印　　次 | 2023 年 2 月第 1 次印刷 |
| 印　　数 | 1— 4000 册 |
| 书　　号 | ISBN 978-7-5504-5408-8 |
| 定　　价 | 25.00 元 |